Der Weiße Schwan

13 Erfolgsfaktoren

und Erfahrungen im

Risikomanagement

Bruno Brühwiler

DER WEISSE SCHWAN

13 ERFOLGSFAKTOREN UND ERFAHRUNGEN IM RISIKOMANAGEMENT

Impressum

Bibliografische Information der Deutschen Nationalbibliothek:
Die Deutsche Nationalbibliothek verzeichnet diese Publikation
in der Deutschen Nationalbibliografie; detaillierte bibliografische Daten sind im Internet über http://dnb.dnb.de abrufbar.

© 2022 Bruno Brühwiler

Umschlagsgestaltung, Herstellung und Verlag: BoD – Books
on Demand, Norderstedt

ISBN: 978-3-7568-5838-5

Inhaltsverzeichnis

Vorwort 7

1.   Einführung 10

1.1   Zur Erinnerung 10

1.2   Risikomanagement Normen 11

1.3   Schwarze und weiße Schwäne 13

1.4   Übersicht über die Erfolgsfaktoren 15

2.   Erfolgsfaktoren 18

2.1   Verlässliche Früherkennung 18

2.2   Der Wille der Führung 23

2.3   Mit Systematik und Methoden 29

2.4   Flughöhe des Risikomanagements 37

2.5   Klare Rahmenbedingungen 41

2.6   Risikoeignerschaft einfordern 47

2.7   Schwerpunkte Qualitäts- und Risiko-
      management 51

2.8   Risikobewertung verstehen 57

2.9   Schwierige Eintrittswahrscheinlichkeit 61

2.10 Verdrängte Sicherheit 66

2.11 Ungelöste Zielkonflikte 68

2.12 Der Mensch im Risiko 72

3. Nutzen des Risikomanagements................... 78

3.1 Komplexität verstehen und reduzieren....... 78

3.2 Direkter Nutzen 79

3.3 Indirekter Nutzen 80

Vorwort

In den vergangenen Jahren habe ich viele Fachartikel und mehrere Bücher zum Risikomanagement nach wissenschaftlichen Anforderungen geschrieben. Das Bedeutendste ist dabei „Risikomanagement als Führungsaufgabe", 4. Auflage 2016.

Mit meinen Publikationen gingen viele Arbeiten einher, die in anerkannten Normenwerken ihren Niederschlag gefunden haben. Das sind die ISO 31000 „Risk Management Guidelines" sowie die früheren ONR-4900x Reihen, die jüngst durch die ÖNORM-Reihe D 490x „Risikomanagement für Organisationen und Systeme" in 2021 abgelöst worden.

Mit der vorliegenden Veröffentlichung verlasse ich die wissenschaftliche und normative Arbeitsweise und beschreibe meine persönlichen Erfahrungen im Risikomanagement. Hunderte von Projekten mit großen und keinen Organisationen in verschiedenen Wirtschaftszweigen und vielen Ländern bilden die Basis meiner nachfolgenden Ausführungen.

Risikomanagement ist ein Merkmal guter Unternehmensführung. Wir wollen Fälle darstellen, in denen das Risikomanagement gut funktioniert hat. Leider sind sie nicht offensichtlich und nicht leicht greifbar. Es sind die Normalfälle des Lebens oder des guten Wirtschaftens.

Demgegenüber gibt es bekannte Schadenfälle und Katastrophenereignisse. Ich möchte diese auf dem Hintergrund meiner Erfahrungen im Risikomanagement durchleuchten. Es steht die Frage im Zentrum, warum und wie diese Risiken hatten eintreten können bzw. warum das Risikomanagement versagt hat.

Zahlreich sind die Fälle dazwischen. Viele Organisationen glauben, dass sie ein gutes Risikomanagement hätten, und dabei haben sie einfach Glück gehabt. Oft hätte das Risiko eintreten können, weil griffige Abwehrdispositive fehlten. Es ist noch einmal gut gegangen, es ist eine Frage der Zeit, bis es zu spät ist.

Der direkte Nutzen des Risikomanagements ist oft nur schwer messbar. Das trifft auch für andere Führungsinstrumente zu, wie etwa für das Qualitätsmanagement, die Unternehmensplanung, das Controlling und weitere. Eine Möglichkeit, belastbare Aussagen über den Nutzen von qualitativen Instrumenten zu machen, sind KPIs (Key Performance Indicators). Man könnte in der deutschen Sprache auch von Erfolgsfaktoren sprechen. Wir wollen uns mit der Frage beschäftigen, worauf es ankommt, um mit dem Risikomanagement erfolgreich zu sein bzw. eine Wertschöpfung zu generieren und diese darzustellen. Deshalb habe ich das Wort „Erfolgsfaktoren" als Untertitel dieser Publikation eingesetzt. Den Haupttitel bildet jedoch der weiße Schwan. Die Bewandtnis mit den Schwänen wird nicht im Vorwort, sondern in der nachfolgenden Einführung vertieft behandelt.

Ich wünsche Ihnen viel Spaß bei der Lektüre und hoffe, dass Sie sich als Führungskraft oder als Risikoverantwortliche (r) bei einigen Themen persönlich angesprochen fühlen.

Bruno Brühwiler

1. Einführung

1.1 Zur Erinnerung

Zu Beginn möchte ich daran erinnern, dass Risiko die Auswirkung von Unsicherheit auf strategische Ziele und operationelle Tätigkeiten von Organisationen und Unternehmen ist. Dazu kommt die Beachtung von Anforderungen, seien sie aus Gesetzen abgeleitet oder in weiteren Verpflichtungen, welche die Organisation als verbindlich betrachtet, verankert. Risiken treten mit einer gewissen Wahrscheinlichkeit ein und können sich als plötzlich einwirkende Ereignisse oder als schleichende Entwicklungen manifestieren. Die Risiken beinhalten nicht nur Fehlentwicklungen, sondern auch Chancen und Erfolgspotentiale von Unternehmen und Organisationen.

Risikomanagement umfasst alle Führungs-, Steuerungs- und Kontrollaufgaben, die auf Risiken Einfluss nehmen. Meistens denken wir dabei an die Vermeidung, Verminderung oder Kontrolle von Bedrohungen und Gefahren. Einem fokussierten Chancenmanagement von Unternehmen und Organisationen bin ich in meinem Tätigkeitsbereich noch nicht begegnet. Dies hat einen einfachen Grund: Die Behandlung von Chancen findet in der Unternehmensstrategie und in der Geschäftsplanung statt, wo strategische Ziele, operationelle Tätigkeiten und zu erfüllende Anforderungen im Detail präzisiert werden.

Der Begriff Risiko ist, trotz allen Versuchen, damit auch die Chancen einzuschließen, leider zu negativ geprägt. Demgegenüber haben es Begriffe wie Sicherheit oder Qualität viel einfacher. Sie sind positiv besetzt.

Gleichwohl hat sich das Risikomanagement in vielen Bereichen des Wirtschaftens als wichtiges Führungsinstrument durchgesetzt, z.B. in den Konzepten von Corporate Governance, was verantwortungsvolle und pflichtgemäße Unternehmensführung bedeutet.

1.2 Risikomanagement Normen

Mittlerweile gibt es viele Normen, die sich mit Risiken und mit Risikomanagement befassen. Normen stellen einen Konsens von Experten dar und betreffen nicht nur Definitionen, sondern auch die Eigenschaften und Gestaltung von Prozessen, Organisationen und Systemen.

Weltweit betrachtet dominieren heute zwei Normenwerke: Einerseits die in den USA entstandenen und durch die Wirtschaftsprüfer getragenen COSO-Normen, andererseits die aus der Industrie hervorgegangenen, global ausgerichteten ISO-Normen.

Bei der Arbeit mit diesen beiden Regelwerken fiel mir auf, dass die COSO-Standards zweigeteilt sind: Sie enthalten einerseits das „Enterprise Risk Management" und andererseits die Vorgaben für das Interne Kontrollsystem. Demgegenüber ist die ISO-Norm auf das Organisations-Risikomanagement ausgerichtet. Sie schließt das Interne Kontrollsystem nicht aus, aber erwähnt es auch nicht.

Eine Besonderheit bei den ISO-Normen besteht jedoch darin, dass ISO für das Business Continuity Management eine ganz andere Normenserie führt und damit für zwei miteinander sehr vernetzten Themen in zwei getrennten Silos arbeitet. Das ist ein großer Fehler.

Bei der Gestaltung der ÖNORM-Reihe D 490x haben wir uns die Freiheit genommen, aus ISO und COSO das Beste auszulesen. Deshalb fokussiert sich das deutschsprachige Regelwerk auf das Organisations-Risikomanagement (ISO spricht von Organisationen und nicht vom Unternehmens-Risikomanagement). Es schließt weitere Teilbereiche des Risikomanagements ein, u.a. das interne Kontrollsystem, auch das Compliancemanagement, die Informations- und Datensicherheit und weitere Bereiche.

Was bedeutet dieses Bild? Das in der Mitte stehende Organisations-Risikomanagement übernimmt die Aufgabe, den Fortbestand der Organisation zu sichern. Es ist die Pflicht der obersten Leitung, sich mit den größten Risiken zu befassen.

Damit verbunden sind weitere Teilbereiche des Risikomanagements. Sie sind über eine Schnittstelle mit dem Organisations-Risikomanagement verbunden. Die meisten ihrer Risiken sind zwar nicht bestandsgefährdend, aber gleichwohl von entsprechenden Spezialisten zu bearbeiten. So kümmern sich die Juristen häufig um das Compliancemanagement, die Finanzfachleute (Revisoren) um das Interne Kontrollsystem und Sicherheitsfachkräfte um die Sicherheit von Menschen, Sachen und der Umwelt usw.

Wo bleibt nun das Kontinuitätsmanagement? Wir haben es in den Risikomanagement-Prozess integriert, weil nämlich jedes der oben aufgeführten Risikomanagementbereiche ein Notfall-, Krisen- und Kontinuitätsmanagement erfordert.

Mit diesem Wissen über die Risikomanagement-Regelwerke sind Sie als Leser für die nachfolgenden Ausführungen bestens vorbereitet.

1.3   Schwarze und weiße Schwäne

Für die Menschen in der alten Welt waren alle Schwäne weiß. Es handelte sich um eine unangefochtene, evidenzbasierte Feststellung. Dieser Befund änderte sich im Jahr 1750, als der Engländer John Latham in Westaustralien erstmals schwarze Schwäne entdeckte und diese bezeichnenderweise „Trauerschwäne" nannte. Die Entdeckung von schwarzen Schwänen war für einige Ornithologen allerdings nichts mehr als eine interessante Überraschung.

Der bekannte Österreichisch-Englische Philosoph Karl Popper übernahm das Beispiel des schwarzen Schwans in seine Wissenschaftstheorie. Das Beispiel zeigt nach Popper auf, dass der Mensch aus Beobachtungen und Erfahrung nicht ein allgemeingültiges Wissen im Sinne einer Verifizierung ableiten kann. Nur ein einziger schwarzer Schwan unter Millionen von weißen Schwänen falsifiziert die Aussage, dass Schwäne weiß sein müssen.

Nassim Taleb hat sich in seinem Buch „Der Schwarze Schwan" mit dem Zufall und der Unvorhersehbarkeit von Ereignissen beschäftigt. Nach Taleb wird die Brauchbarkeit von Statistiken und historischen Erfahrungen generell überschätzt. Er ist der Auffassung, dass wir viel weniger wissen als wir zu wissen meinen, und dass aus der Vergangenheit kaum sinnvolle Voraussagen für die Zukunft abgeleitet werden können.

Risikomanagement mag sich mit der Extrapolation von historischen Erfahrungen, Daten und Statistiken der Vergangenheit beschäftigen. Das ist aber nur ein Gesichtspunkt. Das Risikomanagement versucht vielmehr, nahe an den Geschehnissen der Gegenwart zu arbeiten, indem es sich mit dem Verständnis von Ursachen-Wirkung-Ketten befasst. Wenn wir diese kennen und verstehen, eröffnet sich zumindest die Möglichkeit, sie zu beeinflussen. So zeigt beispielsweise die Analyse von Katastrophenereignissen, dass diese in der Regel durchaus hätten antizipiert und verhindert werden können. Vielmehr kommt zum Vorschein, dass wir voraussehbare Ursachen-Wirkungs-Ketten nicht wissen wollten und deshalb die negativen Auswirkungen des Risikos verdrängten. Das Ausblenden des negativen Risikos findet insbesondere in Zielkonflikten statt. Die Dominanz von positiven Zielen, die wir unbedingt erreichen wollen, oder Verhaltensweisen, an die wir uns gewöhnt haben und die wir zu erhalten versuchen, sind die wahren Gründe des negativen Risikos.

Im Risikomanagement ist die konkrete Suche nach den schwarzen Schwänen gänzlich unmöglich, weil dieses Bildnis ja gerade darauf hinweist, dass bedeutende künftige Ereignisse und Entwicklungen unvorstellbar sind. Stellen die schwarzen Schwäne das Risikomanagement in Frage? Nein, sicherlich nicht, denn es gibt neben den wenigen wirklich unvorhersehbaren Risiken immer noch genügend Bedrohungen und Gefahren, die sehr wohl rechtzeitig erkennbar und dem Risikomanagement zugänglich sind.

Wenn wir also mit den schwarzen Schwänen nicht weiterkommen, bleiben uns noch genügend weiße Schwäne, an denen wir uns für die Risikosteuerung orientieren können. Die meisten Risiken sind uns bekannt und vorhersehbar. Sie zeigen uns die Unsicherheiten auf, nicht nur diejenigen mit negativen Auswirkungen, sondern auch die positiven Risiken – die Chancen.

Fassen wir am Anfang die dreizehn Erfolgsfaktoren des Risikomanagements zusammen, die wir ausführen und erklären wollen. Sie stehen am Ende des jeweiligen Unterkapitels:

1.4 Übersicht über die Erfolgsfaktoren

Erfolgsfaktor 1	Die Früherkennung von Risiken ist das Ergebnis von Expertise, Kommunikation und Konsens.
Erfolgsfaktor 2	Risikomanagement gelingt nur mit dem proaktiven Willen der Führung.

Erfolgsfaktor 3	Ein strukturierter Prozess und anspruchsvolle qualitative und quantitative Methoden garantieren ein wirksames Risikomanagement.
Erfolgsfaktor 4	Das Management behandelt die wesentlichen Risiken auf der oberen Flughöhe.
Erfolgsfaktor 5	Die Rahmenbedingungen definieren die Zielsetzung sowie die Ein- und Ausschlüsse des Risikomanagements.
Erfolgsfaktor 6	Risikomanagement verlangt klare Verantwortungen. Weniger ist mehr!
Erfolgsfaktor 7	Der Schwerpunkt im Qualitätsmanagement ist die Prozessbeherrschung, der Fokus des Risikomanagements liegt auf der Behandlung wesentlicher Risiken.
Erfolgsfaktor 8	Risiken mit schwerwiegenden Auswirkungen darf man nicht mit ihrer kleinen Eintrittswahrscheinlichkeit multiplizieren.
Erfolgsfaktor 9	Risiken mit tiefen Eintrittswahrscheinlichkeiten werden gerne ausgeblendet.

Erfolgsfaktor 10	**Der Auftrag kommt zuerst, die Sicherheit muss immer gewährleistet sein.**
Erfolgsfaktor 11	**Ungelöste Zielkonflikte provozieren schwere Risiken.**
Erfolgsfaktor 12	**Eine Organisation mit offener Risikokommunikation und geförderter Sicherheitskultur bewahrt den Menschen vor dem Risiko.**
Erfolgsfaktor 13	**Der Nutzen des Risikomanagements besteht darin, Fehler, Schäden und Kosten zu reduzieren.**

2. Erfolgsfaktoren

2.1 Verlässliche Früherkennung

Risikomanagement setzt die Früherkennung der Risiken voraus. Das steht so im Gesetz und entspricht unseren Erwartungen. Wären alle Risiken schwarze Schwäne, gäbe es keine Früherkennung, Risiken würden uns dann überraschen, wir wären ihnen hilflos ausgeliefert. Wir können uns jedoch beruhigen, es gibt viele weiße Schwäne, die wir finden können, wenn wir nur richtig nach Ihnen suchen. Das nachfolgende Beispiel zeigt deutlich, dass die gekonnte Risikoidentifikation zu verlässlichen Ergebnissen führt:

Praxisbeispiel:
Risikoidentifikation, Backtesting

Ein Großunternehmen der Energieversorgung erkannte schon früh, dass ein treffendes Risikomanagement für seinen Fortbestand wichtig ist. Wir erhielten den Auftrag, im ganzen Konzern die wesentlichen Risiken zu finden, zu durchleuchten und mit den Risikoeignern zu steuern. Um die wesentlichen Risiken zu finden, setzten wir auf zwei Ansätze:

Der erste Ansatz in der Risikoidentifikation bestand in einer systematischen Sammlung von Einflussfaktoren, einer Liste der „Gefahren / Bedrohungen", in der alle Geschäftsbereiche des Konzerns sowie die zentralen Konzerndienste mit ihren Zielen, Tätigkeiten, rechtlichen und technischen Anforderungen abgebildet wurden. Die Risikoidentifikation orientierte sich einerseits am internen und externen Kontext der Organisation, wie sie in den Normen festgeschrieben sind.

Andererseits integrierten wir ergänzende Strukturen, wie z.B. von Balanced Scorecards mit den Elementen „Kunden / Produkte", „Prozesse", „Finanzen" und „Fähigkeiten / Ressourcen".

Ein zweiter Ansatz spielte bei der Früherkennung von Risiken eine ebenso wesentliche Rolle: Früherkennung ergibt sich generell aus einem Konsens zwischen den mit dem entsprechenden Risiko vertrauten Menschen und Experten. Dazu gehörten in unserem Fall nicht nur die Risikoeigner aus den Bereichen „Sales / Trading", „Production", „Grid", „Operations / IT" sowie aus dem „Corporate Center". Es kamen auch Experten dazu, die sich in der Sache dieser Risikobereiche auskennen. Das können Systemkenntnisse, Schadenerfahrungen, wissenschaftliche Erkenntnisse, Fachliteratur, Normen und Standards sein.

Einer umfassenden Risikofindung folgte die Risikoanalyse und die Risikobehandlung mit entsprechenden Maßnahmen. Von den rund 100 wesentliche Risiken fielen die Top 10 in die Mitverantwortung der Konzernleitung und rund 25 Risiken in die Verantwortung des Corporate Centers. Die übrigen 65 Risiken blieben in der Obhut der entsprechenden Geschäftsbereiche des Konzerns und wurden dezentral gesteuert.

Nach zwei Jahren fand ein Review des Risikomanagements statt. Dabei ging es nicht nur um das Maßnahmencontrolling, sondern insbesondere auch um das sogenannte „Backtesting", welches rückwärts blickend die Frage stellte, ob und welche Risiken auch wirklich eingetreten sind. Das Ergebnis war verblüffend:

- Von den 14 Risiken mit einer Eintrittswahrscheinlichkeit von 50 % waren sieben eingetreten,
- von den 25 Risiken mit einer Eintrittswahrscheinlichkeit von 20 % waren sechs eingetreten und
- von den 30 Risiken mit einer Eintrittswahrscheinlichkeit von 10 % waren deren vier eingetreten.

Zusätzlich konnten wir feststellen, dass die besagten Risiken zwar nicht mit ihren möglichen schweren Auswirkungen eingetreten sind, welche der Risikolandschaft zugrunde lagen. Wir befanden uns – analog den Möglichkeiten des Eisbergprinzips – nicht im Bereich des Worst Case, sondern in einem darunter liegenden, tieferen Wert für die Auswirkung.

Einige Jahre später waren tatsächlich mehrere dieser identifizierten Risiken auch im Worst Case eingetreten, dazu das Beispiel:

- Das Moratorium bzw. der Ausstieg aus der Kernenergie führte dazu, dass die bereits angefangene Planung eines neuen Atomkraftwerkes eingestellt werden musste. Im Risikoszenario waren diese Planungskosten mit 50 Mio. veranschlagt, die Abschreibung der bisweilen aufgelaufenen Kosten belief sich damals auf 35 Mio.

Die Erkenntnisse aus dem Backtesting waren erstaunlich, weil sich die Risikoidentifikation als äußerst präzise erwiesen hatte. Wir konnten feststellen, dass eine systematische Risikoidentifikation verlässlich ist, aber keine exakte Wissenschaft darstellt.

Praxisbeispiel:
Verlässliche Risikobeurteilung

Ein anderes Beispiel zur Früherkennung und Risikoidentifikation stammt aus der Luftfahrt. Eine international tätige Gesellschaft mit rund 50 großen Jets musste sich einer tiefgreifenden strategischen Neupositionierung stellen. Die Geschäftsleitung entwarf ein über mehrere Jahre dauerndes Projekt. Da dieses zu erheblichen internen Zweifeln über dessen Erfolg führte und sich in den Führungskreisen erhebliche Verunsicherungen verbreiteten, bat mich der Risikomanager, eine Projekt-Risikobeurteilung durchzuführen. Das Projekt gliederte sich in die Elemente „Operations", „Maintenance", „Organisation / Staffing" und „Transition Management". Die Durchführung des Risikomanagements hatte zum Ziel, die Sicht der Führungskräfte, darunter vor allem auch der Piloten, im Sinne von Bedrohungen des Projekterfolgs, aufzunehmen. Dazu wurde folgender Ablauf festgelegt:

- Risikobeurteilung durch die eine Hälfte der Führungskräfte, die der Flugzeuggruppe A zugeordnet waren und
- Risikobeurteilung durch die andere Hälfte der Führungskräfte der Flugzeuggruppe B.
- Schließlich wurde die gleiche Risikobeurteilung auch mit dem Top Management durchgeführt, nach gleicher Methode und gleichen Zeitverhältnissen.
- Diese drei Risikobeurteilungen wurden miteinander verglichen und allfällige wesentliche Differenzen geklärt.

Das Ergebnis war verblüffend. Die Führungskräfte, sowohl der Gruppe A als auch der Gruppe B äußerten sich über die Projektrisiken in fast allen Aspekten gleich. Insbesondere ergab sich die gemeinsame Schlussfolgerung, dass das Top Management sich der Risiken des Projekts gar nicht bewusst sei und die kritischen Punkte des Projekts an die nächste Führungsebene delegiere.

Erstaunlicherweise kam das Top Management in seiner Beurteilung der Projekt-Risiken zu einem der Gruppe A und B sehr ähnlichen Ergebnis, was die Führungskräfte fast nicht glauben konnten. Ohne dass die einzelnen Beteiligten sich bewusst waren, bestand ein hohes Maß an Konsens bezüglich der Projektrisiken.

Bisher hatte niemand aus dem Top Managements bzw. aus dem Kreis der Führungskräfte die brennenden Themen ausreichend adressiert. Die Risiken wurden verdrängt und verschwiegen. Beim Top Management wollte man die Verunsicherung der Führungskräfte nicht vergrößern. Die Führungskräfte der Gruppe A und B getrauten sich nicht, offensichtliche Probleme des Projektes anzusprechen und mit dem Top Management zu besprechen.

Man kann aus diesen beiden Beispielen den ersten Erfolgsfaktor des Risikomanagements ableiten:

Erfolgsfaktor 1:

Die Früherkennung von Risiken ist das Ergebnis von Expertise, Kommunikation und Konsens.

2.2 Der Wille der Führung

In den vergangenen Jahren sind unzählige Standards zu Managementsystemen entwickelt worden. Allen ist u.a. gemeinsam, dass die oberste Leitung bei deren Umsetzung eine wichtige Rolle spielt. Bescheiden ausgedrückt kann man vom „Tone at the Top" oder „c'est ton qui fait la musique" sprechen. Bei diesen Managementaufgaben geht es jedoch nicht nur um den Ton, sondern insbesondere um die umfassende Führungsaufgabe von **Plan – Do - Check - Act** / Planung – Umsetzung – Bewertung – Verbesserung, wie es der berühmte Regelkreis von Deming definiert. Diese Managementaufgaben beziehen sich in unserem Zusammenhang auf das Organisations- bzw. Unternehmens-Risikomanagement. Es geht nicht ohne den ausdrücklichen Willen der Führung.

In den Normen finden sich verschiedene Lösungsansätze zu den Verantwortlichkeiten im Risikomanagement.

- Die ISO 31000 fordert eine konsequente „Integration" der Risikomanagement-Tätigkeiten in alle Aktivitäten der Organisation. „Leadership and Committment" werden hervorgehoben. Der Standard differenziert jedoch nicht nach weiteren Rollen und Verantwortlichkeiten.
- Die sich als Spezifikation von ISO 31000 verstehende ÖNORM-Reihe D 490x kennt vier verschiedene Funktionen im Risikomanagement: Die oberste Leitung (Top Management), die Risikoeigner (Führungskräfte, die ein Risiko steuern bzw. verändern können), die Risikomanager (Personen, die die Umsetzung des Risikomanagementprozesses unterstützen) sowie die Auditoren, wobei im englischen der

Begriff Auditor auch mit dem deutschen Begriff des Wirtschaftsprüfers bzw. des Revisors übereinstimmt. Den Auditoren kommt die Aufgabe einer objektiven, unabhängigen Prüfung der Wirksamkeit des Risikomanagementsystems zu. Voraussetzung dazu ist die entsprechende Kompetenz im Risikomanagement.

- Der Berufsstand der Wirtschaftsprüfer arbeitet gerne mit dem Modell der „Three Lines of Defence". Die erste Verteidigungslinie umfasst das Management (oberste Leitung und Führungskräfte), die zweite Linie die Risikomanager und die dritte Linie die Revision bzw. die Auditoren. Schade ist dabei, dass das Risikomanagement zu einer durchwegs abwehrenden, eben defensiven Disziplin gemacht wird. Chancen haben bei dieser Verteidigungskonzeption keinen Platz. Im Hintergrund stehen vielmehr die Verantwortung der obersten Leitung für pflichtwidriges Tun und Lassen sowie die Abwehr der Haftung des Managements.

- Wir treffen im Risikomanagement vielfach auf „Beauftragte", wie z.B. der Sicherheitsbeauftragte, der Hygienebeauftragte, der Geldwäschereibeauftragte oder der Datenschutzbeauftragte und weitere. Oft werden diese Beauftragten durch ein Gesetz berufen. Obwohl beim Beauftragtenwesen die Verantwortung der obersten Leitung vorausgesetzt wird, führen diese Beauftragten gerne ein Eigenleben mit ihrer hohen Fachkompetenz, welches von fremden Einflüssen abgeschirmt wird. Oft entstehen kleine Königreiche, die untereinander und in der Organisation gerne wie in einem Silo agieren. Das Konzept des Organisations-Risikomanagements soll dieser Situation entgegenwirken, indem es die entsprechenden Spezialisten zu vermehrter Kommunikation und Koordination untereinander hinführt.

Die Einbindung der Führung in die Aufgaben des Risikomanagements lässt sich auch mit dem Reifegradmodell abbilden.

Stufe 1	Passiv	Die Leitung behauptet, dass die Organisation und die Führungskräfte seit eh und je in ihrer Tätigkeit automatisch und spontan die Risiken berücksichtigen.
Stufe 2	Reaktiv	Risikomanagement wird als wichtig erklärt. Konkrete Maßnahmen werden erst dann getroffen, wenn ein schwerwiegendes Ereignis / ein Schadenfall eingetreten ist oder wenn aufgrund gesetzlicher Vorschriften gewisse Aktivitäten der Risikoanalyse und -steuerung zwingend sind, um nicht haftbar zu werden.
Stufe 3	Kalkulativ	Teilsysteme und Instrumente sind umgesetzt, um mit den Risiken umzugehen. Dies führt oft zu einer Bürokratie, in der sehr viele Risiken aufgelistet und administriert werden. Die wirksamen Risikosteuerung ist lückenhaft. Dienstanweisungen dienen der rechtlichen Absicherung. Formelle Zertifizierungen sollen die Systemwirksamkeit beweisen.

Stufe 4	Pro-aktiv	Das Risikomanagementsystem ist einge-führt. Die Führungskräfte und Mitarbeiter haben die Risiken verstanden und versu-chen, diese zu steuern. Die oberste Lei-tung lässt sich über die Ergebnisse infor-mieren und nimmt Einfluss auf das Risiko-management. Die kontinuierliche Verbes-serung ist als Prozess eingeführt und funktioniert.
Stufe 5	Reif	Risikomanagement ist Teil der Organisati-onskultur. Es herrscht eine offene Atmo-sphäre, es wird über Fehler und Sicher-heitsaspekte ohne Angst diskutiert. Die Si-cherheitskultur wird in der ganzen Orga-nisation über alle Hierarchiestufen vorge-lebt. Bei strategischen Entscheidungen und operativen Tätigkeiten werden Risiko-aspekte integriert und mit adäquaten Me-thoden bearbeitet. Risikomanagement ist selbstverständlich.

Wie sieht nun die Realität aus? Nachfolgend ein positives Beispiel:

Praxisbeispiel:
Risikomanagement in der Schweizer Bundesverwaltung

Es dürfte weltweit einzigartig sein, dass eine Landesre-gierung ein „Verwaltungs-Risikomanagement" einge-führt hat. Dabei geht es nicht um den Aufgabenbereich des Bevölkerungsschutzes. Diesen gibt es in vielen

Ländern und er setzt seinerseits Risikomanagement-Techniken ein. In Vordergrund des Verwaltungs-Risikomanagements der Schweizer Bundesverwaltung geht es um diejenigen Risiken, welche – analog zum Enterprise Risk Management – die Ziele und Tätigkeiten der Verwaltung betreffen.

Grundlage des Bundes-Risikomanagements ist die Weisung für die Risikopolitik des Bundes aus dem Jahr 2010. Diese ist von der seinerzeitigen Bundespräsidentin unterzeichnet und weist alle Verwaltungseinheiten an, ein Risikomanagement zu führen. Jede Verwaltungseinheit verfügt über einen Risikocoach, jedes Departement über einen Risikomanager. Eine Koordinationsstelle im Finanzdepartement vereinheitlicht und steuert den Risikomanagement-Prozess in der ganzen Organisation.

Risikomanager und Risikocoaches müssen eine mindestens dreitägige Ausbildung absolvieren, welche sie in das Risikomanagement des Bundes einführt. Das Ziel der Ausbildung besteht darin, im Verwaltungs-Risikomanagement aktiv tätig zu werden. Sie sollen die Direktoren der Verwaltungseinheiten sowie weitere Risikoeigner im Risikomanagementprozess unterstützen.

Das Risikomanagement-Handbuch des Bundes (es ist öffentlich im Internet zugänglich) übernimmt die Inhalte der gängigen Normen, soweit sie für das Verwaltungs-Risikomanagement anwendbar sind. Orientierungspunkte sind die ISO 31000 sowie die Spezifikationen der ONR 4900x-Serie bzw. die ÖNORM-Reihe 490x.

Der Risikomanagementprozess beginnt im Herbst in den Verwaltungseinheiten. Ihre Risiken werden auf Stufe Departement berichtet und dort zusammengeführt. Die

Generalsekretären-Konferenz befasst sich eingehend mit den Schlüsselrisiken. Dort wird entschieden, welche Risiken dem Bundesrat (Regierung) unterbreitet werden. Rund 20 Bundesrisiken gehen heute an die «oberste Leitung» der Verwaltung. Die Risiken sind in einem kurzen Szenario dargestellt und mit dem „schlimmstmöglichen, aber dennoch glaubwürdigen Fall" („Credible Worst Case") bewertet. Fast alle Risiken sind auch mit Maßnahmen der Risikominderung versehen und unterliegen einem entsprechenden Controlling.

Risiken mit einer großen Auswirkung erstrecken sich oft über mehrere Departemente und Verwaltungseinheiten. Um diese in ihrer Gesamtheit zu betrachten und zu verstehen, werden sogenannte Querschnittsrisiken gebildet. Ihnen liegen die ursprünglichen Quellrisiken zugrunde. Einem Querschnittsrisiko wird ein Haupt-Risikoeigner zugeteilt.

Während das Bundes-Risikomanagement die Aufgabe hat, die größten Risiken der Verwaltung zu finden und abzubilden, befassen sich verschiedene weitere Teilbereiche des Risikomanagements mit speziellen Belangen. Dazu gehören das Krisenmanagement, das Business Continuity Management, das Interne Kontrollsystem, das Compliancemanagement, das Projektmanagement, die Informations- und Kommunikations-Technologie und weitere Bereiche. Die Risikomanager und Risikocoaches sind gehalten, mit den entsprechenden Beauftragten der Teilbereiche einen Informationsaustausch zu etablieren und diese Schnittstellen aktiv zu bedienen.

Die Geschäftsprüfungskommission lässt sich als parlamentarische Oberaufsicht regelmäßig über das Risiko-

management des Bundes informieren. Die Eidg. Finanz-
kontrolle (EFK) kann gezielte Abklärungen vornehmen,
auch bezüglich der Effektivität des Risikomanagements
der Bundesverwaltung.

Möchte man das Risikomanagement des Bundes im zuvor dargestellten Reifegradmodell einstufen, käme man
über die ganze Organisation der Verwaltung betrachtet
auf die Stufe 4 „Proaktiv".

Erfolgsfaktor 2:

**Risikomanagement gelingt nur
mit dem proaktiven Willen
der Führung.**

2.3 Mit Systematik und Methoden

Eine der wesentlichen Eigenschaften des Risikomanagements besteht darin, dass es systematisch und struktu-
riert vorgeht, indem es den Risikomanagementprozess
konsequent anwendet. „Wir kannten unsere Risiken
schon, aber wir haben diese bisher nie systematisch be-
arbeitet und überwacht", eine Äußerung eines CEO, der
stellvertretend für viele Führungskräfte nach einem Risi-
komanagement-Workshop gesprochen hat. Es ist das

Verdienst der ISO 31000, dass der Prozess Risikomanagement weltweit einheitlich definiert und gefördert worden ist.

Die erstmalige Veröffentlichung der ISO 31000 im Jahr 2009 hatte deshalb auch Einfluss auf andere Normen, insbesondere auf die weltweit dominierende ISO Norm 9001 „Qualitätsmanagementsysteme – Anforderungen", welche mit der Revision von 2015 das Risikomanagement stärker berücksichtigt. Es findet in der Anforderung des „risikobasierten Denkens" seinen Ausdruck. In der Einführung zur Norm wird darauf hingewiesen, dass dieses schon in früheren Ausgaben enthalten gewesen sei, indem es die Umsetzung von Vorbeugemaßnahmen forderte. Neu müssen Organisationen nun Maßnahmen planen, mit denen die Risiken und Chancen zu behandeln sind.

Leider hat es die ISO 9001 verpasst, die Anwendung des Risikomanagementprozesses nach der Norm ISO 31000 zu fordern. Das eingeführte „risikobasierte Denken" ist nicht spezifiziert, es bleibt unverbindlich. Wie soll eine Organisation Maßnahmen zur Risikosteuerung ergreifen, wenn eine systematische Risikoidentifikation, Risikoanalyse und Risikobewertung fehlen? Es findet auch keine Systemabgrenzung statt und die Rahmenbedingungen bzw. die Risikokriterien fehlen. Es ist deshalb zu befürchten, dass als Nebenwirkung des „risikobasierten Denkens" nun mancher Fachmann / Fachfrau des Qualitätsmanagements auch zu Experten des Risikomanagements werden. Die wirklichen Erfolgsfaktoren des Risikomanagements werden so unterlaufen.

Anstelle des risikobasierten Denkens verlangt der „risikobasierte Ansatz", dass der Risikomanagementprozess konsequent angewendet und mit den gängigen Methoden umgesetzt wird. Dieses Vorgehen führt zu einer Priorisierung und Schwerpunktbildung der Führung auf jene Themen hin, die es infolge von Unsicherheiten besonders erfordern, einschließlich der Chancen, welche sich ergeben.

Der Kernprozess Risikomanagement umfasst folgende Schritte:

- **Rahmenbedingungen**: Bevor der eigentliche Risikomanagementprozess beginnt, müssen die Rahmenbedingungen geklärt werden. Dabei geht es darum festzuhalten, in welchen externen bzw. internen Kontext das Risikomanagement stattfindet und was demzufolge die Verantwortlichkeiten und die Risikokriterien sind, mit denen die Schwere eines Risikos bestimmt werden sollen. Man kann von der Systemdefinition sprechen. Das Ergebnis zeigt Einschlüsse und Ausschlüsse auf.
- **Risikoidentifikation**: Da Risiko „Auswirkung von Unsicherheit auf strategische Ziele, operationelle Tätigkeiten und Anforderungen" ist, orientiert sich das Risikomanagement an ihnen. Die Risikoidentifikation geht von der Unternehmensstrategie aus und stellt die Frage, in welchem Umfang die Ziele erreicht oder verpasst werden. Dabei sind Entwicklungen des Umfeldes genauso zu beachten wie Veränderungen im Innern der Organisation. Anschließend sind die operationellen Tätigkeiten zu durchleuchten. Dominant sind hier die Aspekte des Business Continuity Managements bzw. der Betriebsunterbrechung.

Lieferketten, Personalressourcen und Informations-Systeme stehen hier immer mehr im Vordergrund. Schließlich sind die Anforderungen zu ermitteln, welche die Organisation zu erfüllen hat. Gesetzliche und regulatorische Vorgaben sind heute so vielfältig, dass es nicht einfach ist, hier den Überblick zu bekommen und zu erhalten.

- **Risikoanalyse**: Sie bildet den anspruchsvollsten Schritt im Risikomanagementprozess. Das Ziel der Risikoanalyse besteht darin, ein Risiko zu verstehen, und zwar nicht generalistisch, sondern sehr präzise. Es hat sich bewährt, die Risikoanalyse zu gliedern nach „Ausgangslage" (welche Ziele, Tätigkeiten, Anforderungen?), „Beschreibung des Risikos" und seiner „Ursachen" (wie und durch was sind Ziele und Tätigkeiten bedroht?), was ist genau das Risiko und welche „Auswirkungen" hat es auf verschiedene Bewertungsgrößen (Strategie, Leistung, Geld, Kunden, Reputation usw.). Die Risikoanalyse ist kein Dreizeiler, sondern eine durch die Adressaten (oberste Leitung, interne und externe Stakeholder) konkrete und nachvollziehbare Beschreibung einer Unsicherheit. Es lohnt sich, materiell und redaktionell in die Risikoanalyse zu investieren, denn je klarer diese ist, desto konkreter lassen sich Risikobewertung und die Maßnahmen der Risikosteuerung und Risikoüberwachung festlegen.

- **Risikobewertung**: Sie hat zwei Zielsetzungen: Einerseits dient die Risikobewertung dazu, Prioritäten festzulegen. Andererseits liefert sie Informationen über die Risikotragfähigkeit.

Wenn die Risikobewertung Prioritäten festlegt, geht es darum, die schwersten Risiken zuerst anzugehen. Die der Organisation verfügbaren Ressourcen sind in erster Linie für den Fortbestand bzw. für die Weiterentwicklung der Organisation bestimmt. Man spricht auch von der Allokation von Ressourcen (Finanzen, Führung, Zeit usw.). Eine besondere Rolle spielt dabei die Aufmerksamkeit der Führung für das Risikomanagement bzw. für die größten Risiken.

Die Risikobewertung liefert Informationen über die Risikotragfähigkeit. Sie kann bei jedem Risiko einzeln bewertet werden, indem die möglichen Auswirkungen des Risikos mit einer finanziellen Größe wie z.B. dem Jahresgewinn, in Bezug gebracht wird. Mit den statistischen Methoden kann man das aggregierte Gesamtrisiko mit den vorhandenen Eigenmitteln in Bezug setzen.

Allerdings lassen sich nicht alle Risiken finanziell messen. Wichtige andere Bewertungskriterien sind „Leib und Leben" oder Unternehmenswerte, deren Verletzung zu einem Schaden der Reputation und damit zu Werteinbußen führen kann.

- **Risikobewältigung**: Das Wichtigste im Risikomanagement ist die Verminderung und Überwachung von Risiken, die eine bestimmte Toleranzgrenze überschreiten. Diese Grenze wird durch die Risikokriterien definiert. Es ist allerdings auch daran zu denken, dass Bedrohungen und Chancen gegeneinander abzuwägen sind.

Die Anwendung des Risikomanagementprozesses erfolgt mit verschiedenen Methoden. Eine gängige Unterscheidung führt fünf Methodengruppen auf, die da sind:

- **Kreativitäts-Techniken**: Dazu gehören das Brainstorming, das World Café (Brainstorming für größere Gruppen) und die Delphi-Methode. Letztere stellt ein strukturiertes Interview für die Trendanalyse bzw. für die Risikoanalyse dar.
- **Szenario-Techniken**: Wenn ein Risikoszenario eingetreten ist, kann die Schadenfallanalyse retrospektiv das Risiko beleuchten. Die beliebte Szenario-Analyse selbst beschreibt das Risiko von Organisationen mit seinen Ursachen und Auswirkungen und bewertet es nach dem Prinzip des schlimmstmöglichen, aber dennoch glaubwürdigen Falles („Credible Worst Case"). Eine ähnliche Struktur wie die Szenario-Analyse liegt auch der Fehlerbaum- und Ablaufanalyse zugrunde. Es handelt sich dabei um eine Methode für die quantitative Beschreibung von Eintrittswahrscheinlichkeiten verschiedener Ursachen und Folgeszenarien von technischen Systemen.
- **Indikatoren-Analysen**: Im Vordergrund stehen Fehlermeldesysteme, die sich mit kritischen Vorkommnissen (Near Miss) befassen. Beim Einsatz von Fehlermeldesystemen im Gesundheitswesen sollen die Meldungen niederschwellig, anonym, freiwillig und sanktionsfrei sein. Demgegenüber versucht das Horizon Scanning das Changemanagement zu unterstützen, indem es sich abzeichnende Veränderungen frühzeitig erfasst, analysiert und an die Führung eskaliert.
- **Gefährdungs-Analysen**: Es handelt sich hier vor allem um kleinteilige System- und Prozessanalysen, die z.B. bei der Produktentwicklung oder Fabrikationsplanung in der Automobilindustrie angewendet werden. Der Einsatz von Prozess-Risikoanalysen

findet auch im Rahmen des Prozess- und Qualitäts-managements statt.

- **Statistische Analysen:** Viele Menschen mit mathematisch-technischer Ausbildung wenden quantitative Methoden gerne an, um im Risikomanagement zu messbaren Ergebnissen zu kommen.
- Standardabweichungen und Konfidenzintervalle bilden die statistischen Grundlagen dazu. Mit der Monte Carlo Simulation lassen sich Ergebnisse erzielen, die Aussagen über die Risikotragfähigkeit ermöglichen, indem der Value at Risk bzw. der Expected Shortfall mit den erforderlichen bzw. vorhandenen Eigenmitteln vergleichen wird. Die Finanzindustrie ist regulatorisch verpflichtet, quantitative Methoden einzusetzen. Sind die Eigenmittel höher als das Gesamtrisiko, entsteht ein Risikoappetit, um höhere Risiken – und damit Chancen – einzugehen. Ist das Gesamtrisiko jedoch grösser als die verfügbaren Eigenmittel, drängt sich eine Verminderung des Gesamtrisikos auf. Es kann sich dabei auch um eine Sanierung des Gesamtgeschäfts handeln.

Man kann einen Vergleich zwischen qualitativen und quantitativen Methoden im Risikomanagement anstellen. Stellvertretend für alle qualitativen Methoden steht die Szenarioanalyse mit Fokus auf das Unternehmens-Risikomanagement.

Gewiss ist die **Szenarioanalyse** keine exakte Wissenschaft, doch sind die Aussagen einer substanziellen Analyse verständlich und leicht nachvollziehbar. Zudem ist sie verlässlich. Die Forderung, sowohl die strategischen Ziele, die operationellen Tätigkeiten und die rechtlichen und regulatorischen Anforderungen gründlich zu durchleuchten, kann durch keine andere Methode ersetzt werden. Deshalb erfreut sich die Szenarioanalyse großer Beliebtheit, insbesondere auch, weil sie an das Management adressiert ist und seine Sprache spricht.

Quantitative Methoden werden primär im finanztechnischen Kontext eingesetzt, z.B. für die Risikobestimmung von Finanzanlagen, Kreditbeständen oder Versicherungsportfolios.

In jüngster Zeit ist zu beobachten, dass sich die Anwendung der statistischen Methoden auch auf das Unternehmens-Risikomanagement ausbreiten. Der neue Prüfungsstandard PS 340 des IDW (Institut der Deutschen Wirtschaftsprüfer) verlangt, dass bei der Prüfung des Jahresberichts von Unternehmen die Gesamtrisikoposition ermittelt wird. Sie soll Aussagen zur Risikotragfähigkeit der Organisation ermöglichen.

Man sollte im Risikomanagement qualitative und quantitative Methoden nicht gegeneinander ausspielen. Die Ermittlung der Gesamtrisikoposition in einem Unternehmen ist eine Information, die zusätzlich zu den aufgezeigten Szenarien weitere Erkenntnisse vermittelt und wichtige Zusammenhänge aufzeigt. Allerdings müssen sich die Führung und die Risikomanager bewusst sein, dass die quantitativen Methoden ebenso auf Annahmen und Schätzungen aufbauen wie semi-quantitative Instrumente. Zudem können verschiedene Modelle zu jeweils anderen Ergebnissen führen. Was bei den quantitativen Methoden als exakte Wissenschaft erscheint, ist in der Realität weit weniger verlässlich, als es den Anschein erweckt.

Erfolgsfaktor 3:

Ein strukturierter Prozess und anspruchsvolle qualitative und quantitative Methoden garantieren ein wirksames Risikomanagement.

2.4 Flughöhe des Risikomanagements

Wenn wir von Flughöhe sprechen, meinen wir die Stufen der Hierarchie und die Konkretisierung der Unternehmensaktivitäten. Die strategische Führung ist wenig konkret und weist eine obere Flughöhe auf. Die operativen Prozesse hingegen sind detailliert und weisen eine niedrige Flughöhe aus. Man spricht bei den Führungstätigkeiten von der Vogelperspektive und bei den operationellen Prozessen von der Fußgängerperspektive. Das Risikomanagement findet auf unterschiedlichen Flughöhen statt.

Das Unternehmens-Risikomanagement arbeitet vorwiegend in der oberen Flughöhe auf der Stufe des strategischen Managements. Aber es können auch schwere operative Risiken die Strategie bzw. die Organisation zu

Fall bringen. Das sind die Themen der obersten Leitung. Sie muss sich mit den größten Risiken auseinandersetzen.

Demgegenüber gibt es im Risikomanagement Tätigkeiten, die sich hauptsächlich auf der Ebene der operativen Prozesse abspielen, z.B. der Produktentwicklung, der Beschaffung, der Produktion und des Vertriebes. Für das Gelingen dieser Prozesse müssen viele Details beherrscht werden. Fehler und Risiken entstehen in diesen Prozessen. Die Risikobeurteilung findet auf der tiefen Flughöhe statt, die Ergebnisse sind kleinteilig. Das muss nicht unbedingt zur Folge haben, dass die darin vorkommenden Risiken klein sind.

Die Methoden des Risikomanagements sind ebenfalls auf die Flughöhe ausgerichtet. Die Szenarioanalyse einerseits arbeitet top down; das bedeutet, dass sie auf oberer Flughöhe eine ganze Organisation im Blickfeld hat. Das Organisations-Risikomanagement ist Ausdruck dafür. Demgegenüber erfolgt die Prozess- bzw. Gefährdungsanalyse in einem bottom up Ansatz; das bedeutet, dass sie auf unterer Flughöhe arbeitet und sich auf die Prozesse oder Systemkomponenten bezieht.

Flughöhe bedeutet noch mehr: Einerseits bestimmen wir damit die Kommunikationsebene: Wenn auf der Ebene der Führung einer Organisation oder eines Teilbereichs Risikomanagement betrieben wird, sind die Adressaten die Führungskräfte. Ihre Gewohnheit liegt eher im Lesen und Analysieren von in Prosa geschriebenem Text als in Tabellen und Formeln. Fachleute, insbesondere mit naturwissenschaftlicher oder ökonomisch-quantitativer Herkunft, lieben Formeln und Tabellen.

Praxisbeispiel:
Prozessmanagement in Universitätsklinik

Die Universitätsklinik aktualisierte das Qualitätsmanagement nach ISO 9001 Version 2015 und nahm sich vor, die Risiken und Chancen nach der in der Norm angesprochenen Art zu bearbeiten und diese mit Maßnahmen zu hinterlegen. Die Umsetzung erfolgte dergestalt, dass in den wesentlichen Abteilungen jeweils mehrere Hauptprozesse identifiziert und dokumentiert wurden. In der Logistik-Abteilung umfasste jeder der 8 Hauptprozesse 6 bis 12 Risiken, sodass auf der Stufe der Abteilung rund 70 Risiken dokumentiert wurden.

Wenn man das Risikoinventar anschaut, fällt folgendes auf:

- Die Risikoidentifikation verläuft entlang der Prozesse,
- Jedes Risiko umfasst eine Beschreibung, die Ursachen und die Auswirkungen, welche anschließend bewertet werden,
- Die Auswirkungen beziehen sich auf viele Prozessanforderungen wie z.B. Zeit, Richtigkeit, Sorgfalt, Ressourcen, Einfachheit, Sicherheit, Systemausfall, usw.
- Die Bewertung erfolgt durch Multiplikation von Eintrittswahrscheinlichkeit und Auswirkung,
- Die Risikobewertung zeigt, dass die meisten Risiken als „klein" oder „mittel" eingestuft sind, nur wenige Risiken sind „schwer",

- Die Maßnahmen sind vorbeugend und dienen hauptsächlich der Prozessbeherrschung,
- Die Dokumentation der Risiken und der Maßnahmen beträgt 100 Seiten!

Im obigen Beispiel ergab sich eine Diskussion mit der Abteilungsleitung. Sie hatte eine andere Erwartung an das Risikomanagement und stellte sich vor, dass auf Stufe der Führung nur wenige, wesentliche Risiken behandelt werden sollten. Dies führte im Ergebnis dazu, dass aus den 70 dokumentierten Risiken nur sieben wesentliche zu Abteilungsrisiken deklariert wurden.

Die Bearbeitung der Risiken und Chancen eines Prozesses, so wie es die ISO 9001 fordert, dient im oben gezeigten Beispiel hauptsächlich der Vorbeugung von Prozessfehlern und damit der Prozessbeherrschung. Prozessbeherrschung ist aber nicht gleichzusetzen mit Risikomanagement.

Erfolgsfaktor 4:

Das Management behandelt die wesentlichen Risiken auf der oberen Flughöhe.

2.5 Klare Rahmenbedingungen

Wenn eine Organisation sich entschieden hat, ein Risikomanagement einzuführen oder sie von außen her, z.B. aus regulatorischen Gründen, dazu verpflichtet ist, stellt sich folgende Frage: Welche Folgen haben unterschiedliche Anforderungen auf die Durchführung des Risikomanagementprozesses? Je nachdem muss das Führungsinstrument Risikomanagement spezifisch ausgerichtet werden. Die Systemdefinition bzw. die Rahmenbedingungen sind nicht immer gleich! Dazu drei typische Beispiele:

- Risikomanagement aus **regulatorischer Sicht** für die Finanzindustrie: Wir haben im vorangehenden Kapitel gesehen, dass es darum geht, die Risikotragfähigkeit mit den vorhandenen Eigenmitteln sicherzustellen. Aus der Sicht der Regulatoren geht es darum, die Guthaben der Kunden sicherzustellen und nicht etwa das Überleben einer Bank oder einer Versicherung zu gewährleisten. Eine Ausnahme bildet das Kriterium der Systemrelevanz. Ein Finanzinstitut muss über so viele Eigenmittel verfügen, dass es in der Lage ist, alle Verpflichtungen gegenüber den Kunden und Gläubigern zu erfüllen. Mit der Abwicklung aller Transaktionen sind die Eigenmittel verbraucht, eine Fortsetzung der Tätigkeit damit nicht mehr möglich.
- Beim Unternehmens-Risikomanagement geht es demgegenüber um etwas anderes: Das Risikomanagement hat das Ziel, den **Fortbestand der**

Organisation zu sichern. Dazu gehören die Erhaltung bzw. Fortsetzung der Kernaktivitäten, die Sicherung der Arbeitsplätze sowie Erreichung weiterer strategischer und operativer Ziele der Organisation. Am Ende des Eintritts aller Risiken steht also nicht die Insolvenz, sondern die Sicherung des Fortbestands.

- Viele weitere Risikomanagementtätigkeiten entspringen gesetzlichen Vorgaben. Es geht primär um den **Schutz von Leib und Leben** und von Werten, also die Sicherheit des Menschen sowie von materiellen und immateriellen Werten und der physischen Umwelt. Demnach findet das Risikomanagement auch Anwendung bei Produkten (Maschinen, Lifte, Seilbahnen, Kinderspielzeuge, Pharmazeutika, usw.), bei Dienstleistungen wie z.B. die Tätigkeit im Gesundheitswesen (klinisches Risikomanagement) oder der Umgang mit Gefahrstoffen (Umwelt- und Immissionsschutz) oder beim Schutz von Vermögenswerten und Rechtsgütern (Persönlichkeits-, Immaterialgüter- oder Wettbewerbsrechte oder Reputationsschäden usw.) Es ist nicht erforderlich, dass die Risiken direkt in Geldwerten messbar sind. Es können qualitative Messgrößen angewendet werden, also z.B. leichte Verletzung, schwere Verletzung, Invalidität oder Todesfall, usw.

Je nach Zielsetzung und Ausrichtung des Risikomanagements müssen die Risikokriterien bestimmt werden. Risikokriterien sind die Bezugspunkte, nach denen ein Risiko bewertet wird. Es sind nicht immer nur finanzielle

Dimensionen, obwohl diese im Unternehmens-Risikomanagement dominant sind. Folgende Bezugspunkte sind gängig:

Praxisbeispiel:
Multiple Risikokriterien (höchste Stufe)

- **Strategische Bezugspunkte**: Die Strategie des Unternehmens wird vollständig verfehlt, die Zukunftsaussichten sind schlecht.

- **Operationelle Bezugspunkte**: Wichtige Prozesse bzw. der ganze Betrieb werden für längere Zeit unterbrochen, es entsteht dadurch ein Marktanteilsverlust.

- **Finanzielle Bezugspunkte**: Das Risiko führt zu einem Verlust in der Jahresrechnung (gemessen z.B. am EBIT) und reduziert die Eigenmittel. (In der Finanzindustrie wäre es der gänzliche Verlust der Eigenmittel).

- **Bezugspunkte von Leib und Leben**: Todesfall oder andauernde Invalidität von Mitarbeitern oder Kunden.

- **Rechtliche Bezugspunkte**: Rechtliche Anforderungen werden wissentlich und vorsätzlich missachtet, die Verantwortlichen müssen sich vor Strafgericht verantworten und werden persönlich zur Haftung verurteilt.

- **Reputationsbezogene Bezugspunkte**: Durch den Eintritt eines Risikos wird die Reputation langfristig, überregional (evtl. international) beeinträchtigt, der schlechte Ruf ist kaum mehr zu beseitigen, usw.

Häufig werden diese Risikokriterien kombiniert, wobei die am meisten ausgeprägte Dimension bei der Risikobewertung zur Anwendung gelangt.

Das nächste Beispiel stammt aus einer großen Bank in der Schweiz, welche mit dem Einsatz des Risikomanagements nicht etwa die sehr hohe Risikotragfähigkeit bestimmen, sondern ein ganz spezifisches Problem des Security Bereichs genauer untersuchen wollte. Die Bank verfügte über hohe Bestände an Edelmetallen und Bargeld. Zu Beginn des Risikomanagementprozesses stellte sich die Frage, welche Schaden- und Versicherungsfälle im Bereich von Banküberfällen überhaupt bekannt sind und in welcher Größenordnung ein Schadenfall sein könnte. Zwei Beispiel zeigen das Risiko gut auf.

Schadenbeispiel:
Geldtransporter ausgeraubt

Einer der größten Banküberfälle in Europa hatte sich im Februar 2006 ereignet. Rund 53 Millionen Pfund erbeutete damals eine Gruppe von sieben Männern und einer Frau in einem Gelddepot in einer Kleinstadt in Großbritannien. Als mutmaßlicher Kopf der Geldräuber gilt den Ermittlern der 58 Jahre alte Autohändler X. In Verkleidungen, die für Hollywoodfilme tauglich gewesen wären, hatten die Gangster nach einem bis ins Detail ausgearbeiteten Plan gehandelt. Zwei Gangster der Gruppe hatten sich als falsche Polizisten ausgeben und den Manager M, der bei der Geldtransportfirma G arbeitete, in ihre Gewalt gebracht. Zeitgleich wurde auch die Familie von

---

M, Frau und Tochter, von Kumpanen der Täter entführt. So unter Druck gesetzt, öffnete der verzweifelte M seinen Peinigern das Gelddepot. Nach Aussagen der Ermittler haben die Täter „äußerste Brutalität und Skrupellosigkeit" bewiesen. Mittlerweile sind alle Teilnehmer der Verschwörung in Haft. Bisher konnte nur ein Teil der Summe sichergestellt werden.

Schadenbeispiel:
Postraub in Zürich

Am 1. September 1997 drangen fünf Räuber mit Spielzeugpistolen und ungeladenen Waffen in einem Fiat Fiorino in die Zürcher Fraumünsterpost ein und raubten rund 53 Millionen Franken. Die Unerschrockenheit der Täter und die Höhe der Beute deuteten zunächst auf gewiefte Profis hin. Die Täter wurden in der Folge als Gentlemen-Gangster hochgejubelt, ihre Tat mit dem legendären englischen Postraub verglichen.

Die Bank definierte „Security" als ein Bündel von Ereignissen wie Diebstahl, Erpressung, Raubüberfall, Geiselnahme sowie Veruntreuung. Die Risikokriterien wurden nun nach dem folgenden Raster entwickelt und angewendet:

Stufe	Interpretation	€
klein	• Diebstahl und Veruntreuung	<1 Mio.
Gering	• Diebstahl und Veruntreuung • Versuchter Raub / Geiselnahme	3 Mio.
Spürbar	• Diebstahl und Veruntreuung • Versuchter Raub / Geiselnahme • Vereinzelte schwere Vorwürfe Politik / Medien	10 Mio.
Kritisch	• Diebstahl und Veruntreuung • Raub / Geiselnahme • Vorübergehende schwere Vorwürfe Politik / Medien	30 Mio.
Kata-strophal	• Todesfall bei Raub / Geiselnahme oder anderem Sicherheitsvorfall (z.B. bei Evakuation) • Versicherungssumme reicht nicht aus • Andauernde schwere Vorwürfe Politik / Medien mit strafrechtlichen Folgen und Rücktrittsforderungen an Organe	>30 Mio.

Die Risikokriterien ermöglichten es der Bank, die einzelnen Risikoszenarien zu priorisieren und entsprechende Aktionsprogramme zu entwickeln und umzusetzen.

Erfolgsfaktor 5:

Die Rahmenbedingungen definieren die Zielsetzung sowie die Ein- und Ausschlüsse des Risikomanagements.

2.6 Risikoeignerschaft einfordern

Der Inhaber und Leiter eines erfolgreichen, international tätigen Automobilzulieferers mit einigen Hundert Mio. Umsatz beabsichtigte, sich bald aus dem operativen Geschäft zurückzuziehen und die exekutive Leitung einer jüngeren Generation von Managern des Unternehmens zu überlassen. Dabei betrachtete er das Chancen- und Risikomanagement als besonders wichtig. „Wenn meine künftigen Führungskräfte keine Risiken eingehen, ruinieren sie mir das bisher erfolgreiche Unternehmen ebenso, wie wenn sie zu viele Risiken eingehen und die Risikotragfähigkeit überspannen". Dieser Erkenntnis folgend beauftragte mich der bisherige Chef, seinen verantwortlichen Leitern der Unternehmenseinheiten das Risikomanagement beizubringen! Die Aufgabenstellung war überraschend einfach:

Praxisbeispiel:
Drei Risiken mit je drei Maßnahmen

„Die Leiter der Geschäftseinheiten kennen ihre drei größten Risiken im Detail und jedem dieser drei Risiken wird mit drei Maßnahmen begegnet".

Bei rund zehn Geschäftseinheiten ergeben sich in der Summe 30 Risiken, von denen einige als Querschnittsrisiken gleichartig sind und zweckmäßig zusammengefasst werden konnten.

Das Überzeugende an diesem Auftrag besteht in der stark ausgeprägten Risikoeignerschaft der Führungskräfte. Jeder Manager muss seine Risiken nicht nur selbst identifizieren, beschreiben und bewerten, sondern insbesondere auch verantworten.

Die Einmaligkeit dieses Führungsansatzes unterscheidet sich von anderen Ansätzen fundamental:

- Im Risikomanagement wird oft der Fehler begangen, dass die wirklich bedrohlichen Risiken nicht mit ausreichender Klarheit und Eindeutigkeit formuliert werden. Oft sind die Risiken zu pauschal, zu allgemein und zu kurz formuliert, mit dem Ergebnis, dass weder die Ursachen noch die Auswirkungen dringend auf risikomindernde Maßnahmen hinweisen. Es mag zwar einzelne akzeptierte Risiken ohne Maßnahmen geben, aber ein Risikomanagement ohne mindernde Maßnahmen ist problematisch und erfüllt die Anforderungen an das Führungsinstrument nicht.

- Wenn die oberste Leitung das Risikomanagement nicht einfordert oder wegen mangelnder Klarheit nicht einfordern kann, verpufft die Wirkung und die Einflussnahmen der Führung auf die Entwicklung der Organisation.

- Ein weiterer Fehler entsteht, wenn die Risikoeignerschaft nicht verbindlich ist. Die wirklichen Risikoeigner, die das Risiko beeinflussen können, akzeptieren innerlich diese Rolle nicht und verlassen sich auf die

Risikomanager, welche sich mit der Erarbeitung eines Risikoberichts fachlich ins Zeug gelegt haben.

- Schließlich kennen wir die vielen Fälle, bei denen es in einer Organisation Dutzende von Risiken gibt, die auf einem geduldigen Papier niedergeschrieben, besser noch in einer beliebig belastbaren IT-Datenbank registriert sind. Sicherlich ist es nicht verkehrt, die Risiken ordentlich und aktuell zu dokumentieren, jedoch hier gilt: „Weniger ist mehr".

- Und zuallerletzt kommen diejenigen Missstände im Risikomanagement zur Sprache, die in einer Organisation oder in einem System „alle" Risiken sehen wollen. Dieser Ansatz entspringt einem falschen Verantwortungsbewusstsein und einer Angst, Risiken zu übersehen und damit deren Behandlung zu unterlassen. Dieser Ansatz hat nicht verstanden, dass die Risiken in ihrer Auswirkung von der Bestandsgefährdung graduell abnehmen, bis sie zum Gegenstand des Tagesgeschäfts werden. Dieses hat dann mit dem Risikomanagement nichts mehr zu tun. Es geht um die Prozessbeherrschung.

Praxisbeispiel:
1000 Risiken — was tun?

Die Rechtsabteilung einer großen Krankenhausgruppe hatte das klinische Risikomanagement eingeführt, weil sie davon überzeugt war, dass es klüger sei, Haftpflichtfälle zu vermeiden als am Ende zu bezahlen. Deshalb wurden klinische Risikoeigner und Risikomanager ausgebildet, die im Rahmen einer Projektarbeit eine Risikobeurteilung in ihrem Arbeitsbereich zu verfassen hatten. Die Zahl der Risikoberichte stieg proportional zu den Schulungsteilnehmern an. Um die Risikobeurteilungen zu verwalten, wurde eine passende Software angeschafft und die Risiken dokumentiert.

Nach längerer Beobachtungszeit äußerten sich die Führungskräfte dem Risikomanagement gegenüber skeptisch und fanden, dass die Risikoberichte und die einzelnen Risiken nicht mehr überblickbar und handhabbar geworden waren.

Der Vorstand der Krankenhausgruppe traf den Entscheid, anstelle der vielen 1000 Risiken im Konzern 10 Top-Risiken zu definieren, welche ihrerseits 90 % der ermittelten klinischen Risiken repräsentierten. Jeder Abteilung war es gestattet, noch zwei zusätzliche, individuelle Risiken anzufügen.

Der Vorstand formulierte nun den Auftrag, dass jede Abteilung jährlich zu diesen 10-12 Top-Risiken Stellung nehmen musste, indem sie darlegte, wie diese Risiken bei ihnen einzuschätzen waren und welche Maßnahmen erforderlich sein würden, die Top-Risiken zu behandeln und zu beherrschen.

2.7 Schwerpunkte Qualitäts- und Risiko-management

Die ISO 9001 sowie die ÖNORM 4901 sind beide nach der sogenannten High Level Structure (HLS) aufgebaut. Die HLS umfasst nicht nur einheitliche Definitionen, sondern eine 10-teilige Struktur, nach der alle Managementsystem-Normen von ISO aufgebaut werden sollen, unabhängig davon, ob es sich um Anforderungen oder Empfehlungen handelt. Diese Struktur ermöglicht es nun dem Anwender, die Behandlung der entsprechenden Themen in den vorgegebenen Kapiteln zu vergleichen. Viele Inhalte sind einander sehr ähnlich. Schauen wir uns doch mal die einzelnen Kapitel beider Managementsystem-Normen genauer an:

Das **Kapitel 4** beschreibt den **Kontext der Organisation**. Es handelt sich hier sowohl beim Qualitätsmanagement als auch beim Risikomanagement um die Systemdefinition. Vieles ist einander ähnlich bis übereinstimmend, wie z.B. das Verständnis der Organisation und ihres Kontextes sowie die Bedürfnisse und Erwartungen der interessierten Parteien. Ein wesentlicher Unterschied ergibt sich einerseits im Anwendungsbereich, wo es im Risikomanagement darum geht, die wesentlichen Risiken zu behandeln. Der weitere Unterschied liegt darin, dass sich das Qualitätsmanagement generell mit den wesentlichen Prozessen befasst. Die Beherrschung der relevanten Prozesse wird zum Kernthema. Demgegenüber rückt das Risikomanagement die materiellen Themen des Organisations-Risikomanagements und seiner risikobasierten Teilbereiche, zu denen auch das Notfall- und Krisenmanagement gehören, in den Mittelpunkt. Hervorgehoben wird die Anforderung, dass jedenfalls die **wesentlichen Risiken** zu erkennen und zu beurteilen sind. Dabei spielen der Prozess des Risikomanagements, insbesondere die Ermittlung der Rahmenbedingungen, die Risikobeurteilung und die Risikobewältigung die zentrale Rolle.

Die Beschreibung der **Führungsaufgaben** ist im jeweiligen Kapitel 5 der Normen zu finden. Es gibt hier einige bemerkenswerte Unterschiede zwischen dem Qualitäts- und dem Risikomanagement. Das Qualitätsmanagement rückt die Kundenorientierung in den Mittelpunkt und fordert, dass die Risiken und Chancen behandelt werden. Inhaltlich geht das Risikomanagement einen anderen Weg. Zur Rolle und Verantwortung der obersten Leitung gehören z.B. die **Steuerung der bedeutendsten Risiken** in den dafür zuständigen Gremien (u.a. der Verwaltungsrat bzw. der Aufsichtsrat) und die Bestimmung der Risikotragfähigkeit der Organisation.

Die **Risikopolitik und die Risikostrategie** spezifizieren in der Folge die Inhalte des Risikomanagements sowie die Art und Weise, wie deren Ziele erreicht werden sollen. Dabei wird u.a. auch auf die Methoden des Risikomanagements Bezug genommen.

Praxisbeispiel:
Risikopolitik einer Organisation – in Stichworten

Grundsätze
Risikomanagement sichert Geschäftserfolg
- Ausgangspunkt: Leitbild und Unternehmensstrategie,
- Was ist ein Risiko: Ziele, Tätigkeiten und Anforderungen,
- Rolle von Führung, Führungskräfte und Risikomanager,
- Offene Fehler- und Sicherheitskultur, Kommunikation.

Anwendungen des Risikomanagements
- Unternehmens-Risikomanagement sichert Fortbestand,
- Schnittstellen zu Teilbereichen des Risikomanagements,
- Notfall-, Krisen- und Kontinuitätsmanagement.

Verpflichtung der Geschäftsleitung
- Risikomanagement als Führungsinstrument,
- Plan-Do- Check-Act,
- Risikomanagement ist Auftrag der Geschäftsleitung an alle Führungskräfte,
- Erforderliche Ressourcen sind Fähigkeiten und Zeit.

Verantwortungen
- Führungskräfte als Risikoeigner steuern die Risiken,
- Risikomanager unterstützen fachlich den Prozess.

Versicherung
- Versicherung übernimmt finanziellen Teil der Risiken,
- Risikomanagement erhöht Versicherbarkeit der Risiken.

Risikostrategie

Unternehmens-Risikomanagement

- Integriert in den strategischen Planungsprozess,
- Teamansatz bei Risikobeurteilung,
- Bewertung der Top-Risiken nach dem Credible Worst Case,
- Regelmäßiges Update der Risiken und Maßnahmen.

Projekt-Risikomanagement

- Großprojekte sind Gegenstand des Risikomanagements,
- Projektleiter erstellt bei Start eine Risikobeurteilung
- Projektrisiken werden laufend nachgeführt.

Produkt-Risikomanagement

- Produkte erfüllen regulatorische Anforderungen,
- Gefährdungsanalyse begleitet Produktentwicklung (neue Produkte und Änderungen von Produkten)

Notfall- und Krisenmanagement

- Betriebliches Notfall- und Krisenmanagement eingerichtet und übt Szenarien,

Kontinuitätsmanagement

- Verantwortung der Prozesseigner,
- Business Impact Analyse zeigt Ausfall-Szenarien.

IT-Betriebs- und Informationssicherheit

- Ziele der Informationssicherheit: Gewährleistung der Verfügbarkeit, Vertraulichkeit, Integrität von Informationen und Nachvollziehbarkeit des Datenverkehrs,
- Der Ausfall der IT mit Wirkungen auf den produktiven Betrieb /auf die Kunden darf 3 Tage nicht übersteigen.

Compliancemanagement

- Compliancemanagement gewährleistet die Einhaltung der gesetzlichen Anforderungen und die relevanten Verpflichtungen,
- Beachtung von Grundsätzen verantwortungsvoller Unternehmensführung (Corporate Governance), einschließlich ethischem Verhalten und gesellschaftlichen Erwartungen,
- Mitarbeitende können Verstöße gegen die Regeln des Verhaltenscodex, gegen ein Gesetz oder gegen eine

Vorschrift ihren Vorgesetzten bzw. der bezeichneten externen Stelle melden (Whistle-Blowing Stelle).

Internes Kontrollsystem

- finanzrelevanten Prozesse gewährleisten fehlerfreie finanzielle Berichterstattung,
- Beachtung von Kompetenzen verhindern Betrug und Schadenfälle.

Risikomanagement in operativen Bereich

- Arbeitssicherheit, Brand- und Umweltschutz sind nach den gesetzlichen Vorgaben und anerkannten Standards in den operativen Prozessen sichergestellt.

Integration
Risikomanagement als Führungsaufgabe

- Risikomanagement wird als Führungsinstrument eingesetzt und im Führungssystem dokumentiert,
- Im operationellen Bereich erfolgt das Risikomanagement gemeinsam mit dem Qualitätsmanagement,
- Risikomanagement-Prozess, Risikopolitik und ihre Umsetzung sind Gegenstand der Ausbildung von Führungskräften,
- Die Einführungsprogramme für neue Mitarbeitende berücksichtigen gemäß den speziellen Bedürfnissen das Risikomanagement.

Review und ständige Verbesserung

- Das Risikomanagement integriert in Managementsystem,
- jährliche interne Bewertung, Managementreview, Risikobericht zuhanden Geschäftsleitung und Verwaltungsrat.

Kapitel 6 **Planung** und 7 **Unterstützung** sind im Qualitätsmanagement sowie im Risikomanagement einander ähnlich.

Schließlich zeigt das Kapitel 8 **Betrieb des Systems** die inhaltlichen Unterschiede besonders deutlich auf. Das Qualitätsmanagement geht auf das Prozessmanagement ein und behandelt die Anforderungen an Produkte und Dienstleitungen (Ressourcen, Konformität), die Kommunikation mit den Kunden (Beschwerdewesen), die Anforderungen an die Entwicklung, die Beschaffung und Produktion (beherrschte Bedingungen) sowie die Freigabe von Produkten und Dienstleitungen. Demgegenüber konzentriert sich das Risikomanagement auf die Anforderungen nur des Risikomanagementprozesses, insbesondere auf die Rahmenbedingungen, die Risikobeurteilung (Identifikation, Analyse und Bewertung), die Risikobewältigung mit der Kommunikation / Konsultation sowie der Überwachung und Überprüfung der Risiken.

Die Kapitel 9 **Bewertung** und 10 **Verbesserung** sind einander im Qualitätsmanagement und im Risikomanagement sehr nahe. Es geht darum, den P-D-C-A-Regelkreis zu schließen, um ihn später bei sich geänderten Verhältnissen wieder neu aufzugreifen.

Der Vergleich von Qualitätsmanagement und Risikomanagement zeigt bei beiden Managementsystemen einige Gemeinsamkeiten. Die unterschiedlichen Schwerpunkte sind jedoch offensichtlich:

Erfolgsfaktor 7:

Der Schwerpunkt im Qualitäts-management ist die Prozess-beherrschung, der Fokus des Risikomanagements liegt in der Behandlung wesentlicher Risiken.

2.8 Risikobewertung verstehen

Der Risikomanagementprozess verlangt im Anschluss an die Risikoidentifikation und Risikoanalyse die Risikobe-wertung. Dabei ist in Erinnerung zu rufen, dass Risiko stets Auswirkung von Unsicherheit auf Ziele, Tätigkeiten und Anforderungen ist. Die Risikobewertung soll deshalb sowohl die Eintrittswahrscheinlichkeit als auch die Aus-wirkung eines oder mehrerer Risiken vornehmen. Dabei gibt es in der Wirklichkeit des Risikomanagements meh-rere Ansätze, die zu verschiedenen Ergebnissen führen.

-   Die Risikobewertung erfolgt oft mit dem **Erwar-tungswert**. Er stellt den Mittelwert dar, wenn ein Zufallsexperiment unendlich oft wiederholt wird. Der Erwartungswert bei einem einzigen Risiko kann mit der Formel R = W x A ausgedrückt werden. Bei mehreren Risiken stellt der Erwartungswert die Summe der Erwartungswerte der einzelnen Risiken dar.

Es stellt sich die Frage, ob der zugrunde gelegte Wert der Auswirkung ein maximaler oder bereits ein mittlerer zu erwartender Wert ist. Wenn diese Frage nicht geklärt wird, führt die Bewertung eines Risikos oder mehrerer Risiken zu einem beliebigen Ergebnis. Dass die Eintrittswahrscheinlichkeit oft nicht evidenzbasiert bzw. empirisch abgesichert ist, macht die Berechnung oft ebenfalls beliebig.

- Die Wahl des Erwartungswertes erweist sich im praktischen Risikomanagement als problematisch, insbesondere wenn es sich um ein Risiko mit sehr hoher Auswirkung und entsprechend geringer Eintrittswahrscheinlichkeit handelt. Die Multiplikation von großer Auswirkung mit kleiner Eintrittswahrscheinlichkeit führt nämlich dazu, dass die mögliche Dramatik eines Risikos verwässert und damit verharmlost wird.

- Deshalb basiert ein anderer Ansatz der Risikobewertung auf dem maximal zu erwartenden Schadenfall, dem Worst Case. Damit die Fantasie dem Worst Case nicht freien Lauf lässt, spricht man vom glaubwürdigen, schlimmstmöglichen Fall, dem „**Credible Worst Case**". Dieser Fall tritt naturgemäß mit einer geringen Eintrittswahrscheinlichkeit ein. Wie wir schon gesehen haben, darf er nicht mit ihr multipliziert werden. Die Risikobewertung nach dem

Credible Worst Case hat allerdings den Nachteil, den es zu erwähnen gilt: Es handelt sich dabei um einen pessimistischen Fall, der neben anderen Bewertungen steht, die das Risiko weniger negativ oder gar als Chance darstellen können. Der Credible Worst Case genügt jedoch dem Anspruch, diejenige Risikoauswirkung aufzuzeigen, die der Organisation und ihrem Management schweren Schaden zufügen kann. Man könnte auch sagen, dass dieser Fall den Fortbestand der Organisation und seiner Führung in Frage stellt, es ist der Fall, der nicht passieren darf. Die schwarzen Schwäne lassen grüßen!

- Eine statistisch elegante Form, ein Risiko zu beschreiben, ist die Darstellung eines Risikos mit einer Verteilungsfunktion. Ein einfaches Beispiel ergibt sich durch abgestufte Auswirkungen, z.B. ein minimaler, ein mittlerer und ein maximaler (finanzieller) Wert für die Auswirkungen eines Risikos (es könnten auch fünf oder mehr Stufen sein). Genauso ließe sich die Eintrittswahrscheinlichkeit einteilen. Die Statistik bietet uns viele Instrumente, um ein Risiko zu beschreiben. Beliebt sind die Normalverteilung oder die Dreiecksverteilung für die Auswirkungen. Für die Eintrittswahrscheinlichkeit eines Risikos lässt sich z.B. die Anzahl von Ereignissen in einem gegebenen Zeitintervall wählen, z.B. mit der Poissonverteilung.

- Die statistische Modellierung von Risiken verlangt die Beherrschung der mathematischen Sprache. Das ist für viele Menschen, insbesondere auch für

Führungskräfte, nicht nur eine Herausforderung, sondern in der Regel eine Überforderung.

- Eine weitere geschickte Art, das Risiko einer Organisation zu beschreiben, stellt die sogenannte „Risikoaggregation" dar. Dabei werden mehrere statistisch modellierte Risiken „aufeinandergelegt", um aus vielen Einzelrisiken ein Gesamtrisiko zu ermitteln. Dies erfolgt mit der Monte Carlo Simulation, in der die modellierten Einzelrisiken zufällig sehr viele Male, z.B. 10'000-mal generiert werden. Das Ergebnis zeigt in einer neuen Verteilungsfunktion aller Risiken das Gesamtrisiko auf. Es lässt sich wiederum mit den statistischen Instrumenten ein Mittelwert oder ein Konfidenzintervall berechnen.

Im Zusammenhang mit dem Konfidenzintervall ist der Begriff des „Value at Risk" bzw. „Wert im Risiko" anzutreffen. Es handelt sich dabei um den (finanziellen) Wert eines (negativen) Risikos, der bei einer gegebenen Eintrittswahrscheinlichkeit bzw. Häufigkeit in einem bestimmten Zeitraum (z.B. 1 Jahr) nicht überschritten wird. Eine solche Wahrscheinlichkeit wird z.B. mit 1 % (einmal in hundert Jahren), mit 10 % (einmal in 10 Jahren) usw. festgelegt. Der sich dann ergebende finanzielle Wert kann mit den vorhandenen Eigenmitteln verglichen werden. Sind die Eigenmittel grösser als der Wert im Risiko, begründet dies einen Risikoappetit. Das ist die Lust auf mehr Risiko, in der Erwartung, dass auch die Chancen bzw. Gewinnmöglichkeiten steigen.

Der „Value at Risk" ist mit dem zuvor aufgezeigten schlimmstmöglichen, aber dennoch glaubwürdigen Fall vergleichbar. Letzterer stellt in der Praxis des Risikomanagements eine geschätzte Risikobewertung dar und hat den Vorteil, dass der Fall für viele Menschen auch wirklich verständlich ist.

Erfolgsfaktor 8:

Risiken mit schwerwiegenden Auswirkungen darf man nicht mit ihrer kleinen Eintrittswahrscheinlichkeit multiplizieren.

2.9 Schwierige Eintrittswahrscheinlichkeit

Es gibt Risiken mit schwerwiegenden Auswirkungen und geringer Eintrittswahrscheinlichkeit. Der Umgang mit solchen Bedrohungen und Gefährdungen macht uns große Mühe, wie das nachfolgende Beispiel zeigt:

Fallbeispiel:
Die Katastrophe von Fukushima
(Fukushima heißt „Glücksinsel")

Das Kernkraftwerk Fukushima Daiichi I nahm 1966 den Betrieb auf. Erst nach einem Erdbeben der Stärke 6.6 auf der Magnitudenskala (M_w) vom 16. Juli 2007 wurde bei den vier Kraftwerkblöcken von Fukushima I eine Mauer von 5.7 m Höhe zum Schutz vor Tsunamis errichtet. Die Höhe der Schutzmauer entspricht einem Erwartungswert für Tsunamis, nicht jedoch dem Credible Worst Case, der einige Jahre später eintreten sollte.

Am 11.März 2011 um 14:46:23 ereignete sich ein Erdbeben der Stärke 9.0 M_w, das sogenannte Tohoku-Erdbeben, das stärkste Beben in der historisch dokumentierten Geschichte Japans. Es führte zum Ausfall der externen Stromversorgung an den Schaltanlagen der Kernkraftwerke. Zwölf von dreizehn Notstromdieselgeneratoren starteten ordnungsgemäß.

Die erste von mehreren Tsunamiwellen von vorerst 4 Metern Höhe trafen beim Kraftwerk ein. Die hinter der 5.7 Meter hohen Schutzmauer angebrachten Wasserpumpen wurden zerstört. Damit fiel die Kühlung aller Reaktoren sowie der Abklingbecken und der neun wassergekühlten Notstromgeneratoren aus. Die Tsunamiwellen erreichten darauf Höhen von 13-15 Metern. Die Reaktoren 1-4 standen bis 5 Meter tief im Wasser. Die laufenden zwölf Notstromaggregate und die meisten Stromverteiler sowie Teile der Leit- und Steuerungstechnik fielen aus. Die Abführung der Reaktorwärme ins Meer war nicht mehr möglich. Die Kondensationskammern begannen sich zu erhitzen.

Die aus anderen Kraftwerken organisierten Stromgeneratoren blieben vorerst im Verkehr stecken und erreichten Fukushima nicht zeitgerecht. Die schließlich eintreffenden Generatoren konnten nicht angeschlossen werden, da die Anschlusspunkte im überfluteten Untergeschoss lagen. Die inzwischen freigelegten Brennstäbe begannen zu schmelzen, es bildete sich Wasserstoff, und es wurden radioaktive Spaltprodukte freigesetzt. Es kam zu mehreren Explosionen durch Wasserstoff. Sie zerstörten die Reaktorgebäude.

Die um Fukushima wohnende Bevölkerung wurde evakuiert und konnte bis heute nicht vollständig zurückkehren.

Diese kurze Schilderung genügt, um die Lehren aus dieser Katastrophe für das Risikomanagement zu ziehen.

- Die ersten 4 Kraftwerkblöcke von Fukushima wurden auf Meereshöhe gebaut. Die Argumentation dazu war durchaus nachvollziehbar, denn durch den festeren Baugrund konnte die Erdbebensicherheit erhöht und die 500 To schweren Druckbehälter direkt vom Schiff in das Kraftwerk geschoben werden. Der Standort auf Meereshöhe hatte einen weiteren Vorteil: Das Kühlwasser für die Reaktoren konnte ohne Höhendifferenz genutzt werden, was einen wirtschaftlichen Vorteil bedeutete.

- Ausgerechnet in Japan hat man die seit Jahrhunderten bekannte Folge eines schweren Erdbebens, den Tsunami, von der Risikoanalyse ausgeschlossen. Die Rahmenbedingungen waren eingeschränkt. Das erstaunt umso mehr, als dass Tokyo am 1. September 1923 von einem schweren Erdbeben mit anschließender Tsunami-Flut von bis zu 12 Metern Höhe heimgesucht wurde. Seit dem Jahr 1960 hat man den 1. September zum Tag der Katastrophenvorsorge erklärt. Dazu kommt, dass man in Japan, vor allem auch in der Gegend von Fukushima, seit Jahrhunderten an Tsunamis erinnernde Marksteine gesetzt hatte, damit die Menschen der kommenden Generationen nicht vergaßen, dass einem schweren Erdbeben oft tödliche Tsunamis folgen.

Die Katastrophe von Fukushima ist ein Beispiel dafür, wie man angeblich kleine Eintrittswahrscheinlichkeit von Katastrophenereignissen unterschätzt.

Drei Risikobeurteilungen für AKWs sind bekannt: Die US-basierte Rasmussen-Studie, die 1975 veröffentlicht worden ist und die deutschen Studien GRS (Gesellschaft für Reaktor Sicherheit) von 1979 (Studie A) und 1981 - 1986 (Studie B) sowie schließlich die NRC (Nuclear Regulatory Commission) Studie aus USA von 1987 - 1991. Die Schlussfolgerung der Rasmussen Studie bestand u.a. darin, dass das Risiko eines schweren Nuklearunfalls etwa so groß sei, wie wenn ein Mensch von einem Meteoriten getroffen würde. Die deutsche Studie berechnet mit der Fehlerbaum- und Ablaufanalyse die konkreten Eintrittswahrscheinlichkeiten: Demnach liegt die Eintrittswahrscheinlichkeit einer Kernschmelze zwischen 10^{-5}/a und 10^{-4}/a, d.h. einmal pro 10'000 bis 100'000 Jahre.

Eine solche kleine Eintrittswahrscheinlichkeit übersteigt die Vorstellungskraft des Menschen bei weitem. Aber die von den Experten der GRS-Studie vorgenommenen Berechnungen stimmen eben ziemlich genau mit der Realität überein: Wenn wir ganz einfach die kleine Eintrittswahrscheinlichkeit mit durchschnittlich 200 Kernkraftwerken multiplizieren, die in den vergangenen 50 Jahren im Betrieb waren, so ergibt sich die einfache Rechnung

$$10^{-5} * 2*10^2 * 0.5 * 10^2 \ = 10^{-1}$$

was nichts anderes bedeutet als eine Nuklearkatastrophe in 10 Jahren. Die Havarie von Three Mile Island 1976, die Katastrophen von Tschernobyl 1986 sowie Fukushima 2011 bestätigen, dass die Wahrscheinlichkeitsberechnungen der Experten verblüffend zutrafen, jedoch von der Öffentlichkeit nicht verstanden wurden.

Erfolgsfaktor 9:

Risiken mit tiefen Eintrittswahrscheinlichkeiten werden gerne ausgeblendet.

2.10 Verdrängte Sicherheit

Viele Risiken kommen zustande, weil Zielkonflikte auftreten, die zulasten der Sicherheit gelöst werden. Betrieb und Auftrag gehen vor. Ein tragisches Beispiel ist der Seilbahnabsturz am 23. Mai 2021 bei Stresa am Lago Maggiore.

Fallbeispiel:
Seilbahnabsturz Stresa - Mottarone

Im Jahr 1970 wurde die Seilbahn Stresa–Monte Mottarone in Betrieb genommen. Die Firma Leitner AG von Sterzing (Südtirol) tauschte von 2014 bis 2016 unter anderem Antrieb, Steuerung und Transformatoren im Wert von 4 Mio. € aus. 2016 bis 2020 wurde die Seilbahn wieder in Betrieb genommen. Am 1. Dezember 2020 fand eine magnetinduktive Prüfung der Trag- und Zugseile statt, die Tragseilbremsen – sie dienen dazu, bei Ausfall des Zugseils die Kabine mit zwei Bremsbacken am Tragseil festzuklammern – wurden einer Funktionsprüfung unterzogen.

Zu Beginn der Pandemie stand die Seilbahn still. Der Betrieb wurde am 26. April 2021 wieder aufgenommen. Am 30. April wurde die Hydraulik der Tragseilbremsen zuletzt gewartet; zu diesem Zeitpunkt waren der Wartungsfirma laut eigenen Angaben keine Probleme mit dem System bekannt. Am Tag vor dem Absturz war die Firma Leitner zum letzten Mal an der Bahn tätig, um eine abgenutzte Seilrolle an einer Stütze zu ersetzen.

Am Morgen des Unfalltages gab es ein Problem mit der Tragseilbremse der Kabine 3. Offenbar soll dieses Problem schon länger bestanden haben und hätte eine längere Unterbrechung des Betriebs erfordert. Um an diesem Pfingstmontag die Anlage gleichwohl betreiben zu können, wurde die Tragseilbremse an dieser Kabine absichtlich mit zwei Klammern außer Funktion gesetzt. Diese Klammern dürfen gemäß den Vorschriften ausschließlich bei Wartungsarbeiten und Prüffahrten eingesetzt werden, nicht aber im Normalbetrieb mit Fahrgästen.

Die Kapazität der von dem Unfall betroffenen Kabine betrug 40 Personen. Wegen der Pandemie reduzierte der Betreiber die zulässige Zahl auf 15 Personen.

Nach stark verlangsamter Fahrt und nur noch wenige Meter vor der Bergstation riss das Zugseil. Die an sich automatisch erfolgende Zwangsbremsung wurde durch die Klammern verhindert. Die Kabine setzte sich mit zunehmender Geschwindigkeit wieder talwärts in Bewegung und sprang nach etwa 400 Metern mit 120 Km/h vom Tragseil der Stütze. Beim Absturz aus etwa 25 Metern Höhe zu Boden kamen alle Passagiere, mit Ausnahme eines Kindes, ums Leben.

Obwohl noch keine Untersuchungsergebnisse vorliegen, kann aus dem Beispiel entnommen werden, dass der Betrieb der Bahn am sonnigen Pfingstsonntag am Lago Maggiore absoluten Vorrang hatte. Es ging dem

Betreiber darum, nach der langen Unterbrechungszeit durch die Pandemie wieder Geld zu verdienen. Deshalb setzte die Betriebsleitung vermutlich die Tragseilbremse außer Kraft.

Dass ausgerechnet das Zugseil reißen konnte und die Kabine in den Abgrund stürzte, wurde von keiner verantwortlichen Person in Betracht gezogen.

Erfolgsfaktor 10:

Der Auftrag kommt zuerst, die Sicherheit muss immer gewährleistet sein.

2.11   Ungelöste Zielkonflikte

Zielkonflikte gibt es aber auch bei strategischen Risiken, wie das Beispiel des Dieselskandals von Volkswagen eindrücklich aufzeigt.

Praxisbeispiel:
Dieselskandal von Volkswagen

Der Geschäftsbericht des Jahres 2015 von Volkswagen enthält im Konzernlagebericht einen fast 20 Seiten langen Risiko- und Chancenbericht. Dieser Bericht schließt mit dem Hinweis, dass nach dem aktuellen Stand der Informationen keine Risiken bestehen würden, die den Fortbestand wesentlicher Konzerngesellschaften oder des Volkswagenkonzerns als Ganzes gefährden würden.

Volkswagen hat zum Zweck der Beherrschung der Risiken ein umfangreiches Risikomanagementsystem eingerichtet, das nach dem Konzept der „drei Verteidigungslinien" aufgebaut ist. Diese umfassten ein Unternehmens-Risikomanagement sowie ein Internes Kontrollsystem nach den amerikanischen COSO-Standards. Getragen wurde dieses Risikomanagement durch eine Informatik-Applikation, die konzernweit zur Anwendung gelangte.

Damit stellt sich die interessante Frage, wie es denn bei einem solchen Risikomanagementsystem zum Dieselskandal kommen konnte.

Ab 2009 begann Volkswagen, in den neu entwickelten Dieselmotoren ihrer Personenwagen SCR-Katalysatoren einzubauen, um den Ausstoß von Stickoxyden zu vermindern. Die Ergebnisse dieser Technologie waren so gut, dass man darauf sogar eine Werbekampagne aufbaute und die neue Dieseltechnologie als „sauberer als sauber" bezeichnete. Damit wollte Volkswagen vor allem in den USA der Japanischen Hybridtechnologie entgegentreten, was rein technisch gesehen auch gelang.

Zwei Gründe werden aufgeführt, die zu einer Einführung der Abschaltvorrichtungen geführt hätten:

Einerseits wird berichtet, dass in der Einführungsphase dieser neuen Dieselmotoren bei hoher Motorleistung und hohem Wirkungsgrad auch der Stickstoffoxyd Ausstoß höher als erlaubt war. Die Abschaltvorrichtung hatte dann dazu geführt, dass die Betriebsbedingungen während einer Abgasprüfung dahin gesteuert wurden, dass die vorgeschriebenen Abgaswerte erreicht, jedoch während der normalen Betriebsbedingungen wieder überschritten wurden. Die Abschaltvorrichtung war so programmiert, dass sie die Testbedingungen des Prüfstandes erkennen konnte.

Andererseits waren der Verbrauch des Adblue-Zusatzstoffes für das Erreichen des angestrebten, schadstoffarmen Betriebszustands zu hoch bzw. das für das Additiv vorgesehene Behältnis zu klein, um den Fahrbetrieb bis zur nächsten Wartung in der Garage sicherzustellen. Man wollte also den Käufern dieser neuen sauberen Technologie nicht zumuten, dass sie vorzeitig zur Garage gehen mussten, um Adblue aufzutanken. Weil zu diesem Zeitpunkt seine Verfügbarkeit an Tankstellen noch nicht ausreichend gesichert war, haben die VW-Techniker die Abschaltvorrichtung genutzt, um den Verbrauch von Adblue während der Betriebszeit zu senken. Also eine technische Maßnahme, um den Kundenbedürfnissen bzw. dem Marketing entgegenzukommen. Man nahm deshalb in Kauf, bestehende Umweltvorschriften – wenn auch nur vorübergehend vorgesehen – zu missachten.

Es gibt mehrere Hinweise dafür, dass das Problem der Abgas-Abschaltvorrichtungen im Testbetrieb schon deutlich vor 2015 bekannt war. So wird berichtet, dass die interne Revision von Volkswagen schon in 2011 auf das Abgasproblem aufmerksam machte, sie fand jedoch bei der obersten Leitung kein Gehör. Ab 2014 befassten sich Interessensverbände mit der Thematik der Abgasnormen und Abgaskontrollen. Innerhalb des VW-Konzerns sollen mehr als 30 Techniker von den Abschaltvorrichtungen Kenntnis gehabt haben.

Warum hatte das Risikomanagement diese Thematik nicht aufgenommen und in die Diskussionen mit der obersten Führung des VW-Konzerns eingebracht? Wissen tun dies nur die Risikoeigner, die sich dazu bestimmt nicht äußern wollen bzw. dürfen. Das Konzept der drei Verteidigungslinien hätte sogar verlangt, dass drei Personengruppen die Unrechtmäßigkeit und den Verstoß gegen Umweltschutznormen hätten erkennen und thematisieren müssen. Man hatte jedoch weggeschaut, bestimmt deshalb, weil die neue, an sich sehr saubere Diesel-Technologie eine große strategische Bedeutung hatte. Man hoffte deshalb leichtsinnig, dass die Abschaltvorrichtung nicht öffentlich aufgedeckt wurde.

Man stößt bei weiteren Recherchen auch auf die Aussage, dass der Konzernchef, Herr Winterkorn, sehr autoritär und deshalb auch gefürchtet war. Autoritärer Führungsstil hat oft zur Folge, dass niemand die Wahrheit sagt, sondern nur das berichtet, was der oberste Chef gerne hört.

Hätte man den Volkswagenkonzern im Jahre 2015 nach dem Reifegradmodell des Risikomanagements einstufen wollen, wäre man auf die Stufe 2 „Reaktiv" gekommen.

Bei Volkswagen bestand der Zielkonflikt darin, dass man die strategische Entwicklung im US-Markt höher bewertete als die Inkaufnahme eines Verstoßes gegen Umweltvorschriften durch die versteckte Abschaltvorrichtung. Man glaubte, dass die gesetzeswidrige Problemlösung nicht entdeckt und später das Logistikproblem ohnehin gelöst werden würde.

Erfolgsfaktor 11:

Ungelöste Zielkonflikte provozieren schwere Risiken.

2.12 Der Mensch im Risiko

Es gibt Risiken, die durch ein hochriskantes Verhalten von Menschen zustande kommen und dann mit großem Schaden enden. Ein solcher Fall ist der folgende:

Fallbeispiel:
Absturz der Junkers Ju 52 vom 4. Aug. 2018

Der Schlussbericht Nr. 2370 der schweizerischen Sicherheitsuntersuchungsstelle SUST liefert folgenden Kurzdarstellung des Unfalls:

„Am 4. August 2018 um 16:14 Uhr startete das historische Verkehrsflugzeug Junkers Ju 52/3m g4e, eingetragen als HB-HOT und betrieben durch die Ju-Air, vom Flugplatz Locarno zu einem Flug zum Militärflugplatz Dübendorf. Rund 40 Minuten später flog das Flugzeug auf einem nordnordöstlichen Kurs in den Talkessel südwestlich des Piz Segnas ein. Gegen das nördliche Ende des Talkessels begann das Flugzeug eine Linkskurve, die sich zu einer spiralförmigen Flugbahn gegen unten entwickelte. Wenige Sekunden später kollidierte das Flugzeug annähernd senkrecht mit dem Gelände. Alle 20 Personen an Bord des Flugzeuges kamen dabei ums Leben. Das Flugzeug wurde zerstört. ...

Der Unfall ist darauf zurückzuführen, dass nach einem Verlust der Kontrolle über das Flugzeug nicht genügend Raum vorhanden war, um dieses abzufangen, so dass es mit dem Gelände kollidierte.

Die Untersuchung hat folgende direkte kausale Faktoren für den Unfall ermittelt:

- Die Flugbesatzung führte das Flugzeug hochriskant, indem sie es in geringer Höhe und ohne Möglichkeit für einen alternativen Flugweg in ein enges Tal steuerte.

- Die Flugbesatzung wählte in Bezug auf den Flugweg eine gefährlich tiefe Fluggeschwindigkeit.

Beide Faktoren bewirkten, dass durch in solchen Situationen zu erwartende Turbulenz nicht nur ein kurzzeitiger Strömungsabriss (*stall*) mit einem Kontrollverlust, sondern auch eine ausweglose Situation entstehen konnte. ...

Die Untersuchung hat folgende Faktoren als direkt beitragend zum Unfall ermittelt:

— Die Flugbesatzung war sich gewohnt, anerkannte Regeln für einen sicheren Flugbetrieb nicht einzuhalten und hohe Risiken einzugehen.

— Das verunfallte Flugzeug wurde mit einer Schwerpunktlage betrieben, die außerhalb der hinteren Begrenzung lag, was den Kontrollverlust begünstigte".

Wie ist es möglich, dass der Mensch zum Risiko wird? Welche Einflussfaktoren kennt das Risikomanagement, die den Menschen zum Risiko machen? Diese Fragen führen uns zum Thema der unsicheren Handlungen, welche das Eintreten von Risiken begünstigen.

Der Mensch ist ein fehlerhaftes Wesen. Im Vergleich zu einer Maschine ist er als unzuverlässig zu betrachten. Das hängt mit durchaus positiven Eigenschaften des Menschen zusammen wie Emotionen, Intuition und Kreativität. Diese können jedoch die rationale Entscheidungsfindung überspielen.

Der Menschen unterliegt fehlerhaften Einschätzungen, indem er sich falsch verhält, was auf Konzentrationsmängel, Reaktionsfehler oder Überforderung zurückzuführen ist. Der Mensch kann aber auch falsche Annahmen treffen und dabei Fehler begehen.

Missverständnisse, Erfahrungsmängel oder Selbstüberschätzung tragen dazu bei.

Damit der Mensch weniger Fehler begeht, haben Organisationen und unsere Gesellschaft Vorschriften eingeführt, die sich der Mensch merken und sich danach verhalten soll. Diese Abwehr von Fehlern hat ihre Grenzen schnell gefunden. Durch Vergessen und Wissensmängel oder auch durch Zeitdruck verstößt der Mensch unbewusst gegen die vielen Vorschriften.

Die schlimmste Art, unsichere Handlungen zu begehen, besteht in der bewussten Inkaufnahme von **Regelverstößen**. Dabei spricht man in der juristischen Sprache auch von Absicht oder grober Fahrlässigkeit. Genau das war bei den Piloten der Ju 52 der Fall.

Die beiden Piloten waren sich offensichtlich auch gewohnt, zusammen zu fliegen. Ihr Sicherheitsverhalten war das gleiche. Keiner hätte den anderen gewarnt und auf die Gefährlichkeit der gewählten Flugroute und Fluggeschwindigkeit aufmerksam gemacht. Eine offene Fehlerkultur und Risikokommunikation fehlte beiden.

Was führt den Menschen zu solchem Verhalten? Die Grundlage für Regelverstöße sind in der Selbstüberschätzung zu suchen. Diese wiederum basiert auf Erfahrungen, dass es auch ohne die Regeln schon oftmals gut gegangen ist. Sicherheitsstandards werden in der Folge als „nice to have" eingestuft. Oder sie werden einfach beiseitegeschoben und für den Moment nicht als zutreffend betrachtet.

Treiber von Verstößen liegen auch im Bedürfnis des Menschen nach Selbstdarstellung. Man will anderen gefallen, indem man ihnen eine Freude bereitet. Es ist das Show Syndrom. Die Show findet statt, ohne an die Sicherheitsbedingungen zu denken. Dies alles verhindert eine objektive Risikobeurteilung und führte im oben dargestellten Fall zur Katastrophe.

Organisationen können auf das Sicherheitsverhalten Einfluss nehmen, indem Sie eine **Organisationskultur** schaffen, in der die Berücksichtigung von Regeln zum Verhalten jedes Mitglieds der Organisation führt. Auch wenn der einzelne Mensch zu unsicheren Handlungen und Regelverstößen neigen mag, werden diese von den anderen Menschen im Team nicht stillschweigend akzeptiert. Jedes Mitglied der Organisation macht auf fehlerhaftes Verhalten aufmerksam. James Reason verfolgt den systemischen, nicht den personenbezogenen Ansatz, um Regelverstößen Abhilfe zu schaffen. Die Werte der Organisation und ihre Kultur prägen das Verhalten der Mitarbeitenden:

"We cannot change human conditions, but we can change the conditions under which humans work". Wir könnten es anders formulieren:

Erfolgsfaktor 12:

Eine Organisation mit offener Risikokommunikation und geförderter Sicherheitskultur bewahrt den Menschen vor dem Risiko.

3. Nutzen des Risikomanagements

3.1 Komplexität verstehen und reduzieren

Das Risikomanagement ist ein Instrument, das dem Management hilft, Komplexität besser zu verstehen und zu reduzieren. In unserer heutigen Welt des Wirtschaftens und des Lebens nimmt die Komplexität laufend zu, und zwar durch folgende Faktoren:

- Systeme werden vielfältiger: Immer mehr Teilsysteme wirken zusammen, technische und organisatorische, um Leistungen zu erhöhen.

- Die Teilsysteme selbst umfassen viele Dimensionen, darunter technische Funktionen, menschliche Bedürfnisse und Fähigkeiten, wirtschaftliche Zielsetzungen und gesellschaftlicher Wert usw.

- Gesamtsystem und Teilsysteme verfolgen Zielsetzungen oder Funktionen, die vielfältig und oft widersprüchlich sind.

Um Komplexität zu beherrschen und komplexe Systeme besser steuern zu können, kann man deren Vielfalt, Dimensionen und Funktionen reduziert betrachten und unter einem bestimmten Gesichtspunkt fokussieren: Das genau ist die Fähigkeit des Risikomanagements. Es betrachtet die Elemente von Systemen und Teilsystemen unter dem Aspekt der Unsicherheit und sucht mögliche Szenarien für ihr Verhalten und Zusammenwirken.

Dadurch wird das Risikomanagement wichtig für die **Entscheidungsfindung**, für die Problemlösung und für die Führung. Organisationen, die Risikomanagement richtig anwenden und wirksam einsetzen, erzielen bessere Ergebnisse als Unternehmen, die sich nicht bemühen, die Komplexität zu reduzieren und zu meistern.

Risikomanagement spielt sich nicht nur auf der Ebene der Entscheidungsfindung und des Managements ab. Eine Organisation, die Risikomanagement betreiben will, braucht **Fähigkeiten**, mit den Risiken umzugehen. Das sind insbesondere Menschen, die den Risikomanagementprozess anwenden können und in der Lage sind, zusammen mit den Risikoeignern, die Risiken zu verstehen und zu behandeln. Diese Fähigkeiten können durch Ausbildung und Training erworben werden.

3.2 Direkter Nutzen

Viele im Risikomanagement und im Management tätige Menschen tun sich schwer, den Nutzen des Risikomanagements konkret zu nennen. Dabei ist es ganz einfach:

Erfolgsfaktor 13:

Der direkte Nutzen des Risikomanagements besteht darin, Fehler, Schäden und Kosten zu reduzieren.

Allerdings betrachten wir Risiken und das Risikomanagement nicht nur während eines Monats, eines Jahres oder über drei Jahre, sondern langfristig. Der Fortbestand einer Organisation ist zeitlich unbegrenzt. Die Einschätzung des Nutzens des Risikomanagements muss ebenfalls langfristig erfolgen.

Es gibt es auch Grenzen: Diese liegen dann vor, wenn das Risikomanagement zu einem bürokratischen Moloch wird. Das muss unter allen Umständen vermieden werden, denn wir wissen es jetzt: „Weniger ist mehr".

3.3 Indirekter Nutzen

Risikomanagement führt auch zu indirektem Nutzen. Eine Organisation mit offener Fehler- und Sicherheitskultur und freier Risikokommunikation bietet den Mitarbeitenden mehr Arbeitszufriedenheit und eine aktivere Integration in das Unternehmensgeschehen.

Risikomanagement-affine Unternehmen sind als **Arbeitgeber attraktiv** und können Talente anziehen, gute Mitarbeiter erhalten und für ihre Wertschöpfung nutzbar machen.

Jedes Unternehmen pflegt die Beziehungen zu seinen Stakeholdern. Dies sind neben den Führungskräften und Mitarbeitern, die wir schon erwähnt haben, weitere Kreise wie Kunden, Lieferanten, Eigentümer, Interessengruppen, Behörden, usw.

Risikomanagement unterstützt jede Organisation, mit diesen eine vertrauensvolle Kommunikation, auch über

Risiken, zu führen und damit die **Reputation**, den guten Ruf zu fördern. Risikomanagement gehört zu guter Governance und trägt zur Nachhaltigkeit bei, die sich letztlich im Wert des Unternehmens – auch in finanzieller Hinsicht – niederschlägt.

Bruno Brühwiler berät seit mehr als 20 Jahren private Unternehmen in Industrie, Energiewirtschaft, Finanzdienstleistung, Gesundheitswesen sowie öffentliche Institutionen wie Bund, Kantone, Städte, Versorgungsbetriebe usw. im Risikomanagement. Schwerpunkte bilden dabei das strategische und operative Risikomanagement, einschließlich dem Notfall-, Krisen- und Kontinuitätsmanagement. Die Erfahrung aus 400 Risikomanagementprojekten und aus der Ausbildung von mehr als 3000 qualifizierten Risikomanagern in der Schweiz, Deutschland und Österreich prägen das Verständnis von und die Erfahrung im Risikomanagement des Autors.

Zudem war Bruno Brühwiler bis 2018 Vorsitzender der Working Group ISO 31000 Risk Management - Guidelines in der International Standard Organisation (ISO) und Projektleiter des Regelwerkes ONR 49000 Risikomanagement für Organisationen und Systeme, Neuausgabe als ÖNORM-Reihe D 490x:2021).